AF827919

IS Informations-Systeme

Herausgegeben von S. Dworatschek

Wirtschaftlichkeitsanalyse von Informationssystemen

von

Sebastian Dworatschek

und

Hartmut Donike

mit 31 Abbildungen

Walter de Gruyter · Berlin · New York 1972

©
Copyright 1972 by Walter de Gruyter & Co., vormals G. J. Göschen'sche Verlagshandlung – J. Guttentag, Verlagsbuchhandlung – Georg Reimer – Karl J. Trübner – Veit & Comp., Berlin 30. – Alle Rechte, einschl. der Rechte der Herstellung von Photokopien und Mikrofilmen, vom Verlag vorbehalten. Satz: IBM-Composer, Walter de Gruyter & Co., Berlin – Druck: Saladruck, Berlin
Printed in Germany

ISBN 3 11 004107 3
Library of Congress Catalog Card Number 72-76039

Vorwort

Viele Unternehmen mit zum Teil jahrelanger Datenverarbeitungserfahrung wenden sich in der Phase zwischen Konsolidierung bisheriger Ergebnisse und Planung betrieblicher Informationssysteme verstärkt dem Thema Wirtschaftlichkeit der Datenverarbeitung zu. Die vorliegende Veröffentlichung faßt die Ergebnisse einer Untersuchung über ‚Nutzen- und Kostenaspekte von Informationssystemen' zusammen, die am Lehrstuhl für Unternehmensforschung der RWTH Aachen mit der dankenswerten finanziellen Unterstützung des Landesamtes für Forschung des Landes Nordrhein-Westfalen durchgeführt worden ist.

Mehrere Themen dieser Arbeit wurden in einem Arbeitskreis diskutiert, dem folgende Herren aus der Industrie bzw. der Verwaltung angehörten: Dr. H. Hosse, Dr. F. Kadow, Dr. P. Koch, Dr. A. Lohr, Dr. G. Oberlode, Dr. J. Pietzsch, C. H. Schotten, R. Schüren, W. Werner.

Die Autoren danken den Mitgliedern des Arbeitskreises für wertvolle Anregungen und für ihre Unterstützung bei der Beschaffung von Daten aus Bereichen der betrieblichen Datenverarbeitung und Organisation.

Unser besonderer Dank gilt Herrn Professor Dr. H.-J. Zimmermann, der die fachliche Betreuung dieses Forschungsvorhabens übernahm.

Aachen, im Dezember 1971

S. Dworatschek *H. Donike*

Inhaltsverzeichnis

Einleitung

Die klassische Form des Berichtswesens wird von immer mehr Unternehmen als nicht mehr leistungsfähig genug angesehen. Durch Modifikation, Erweiterung und Neuorganisation der betrieblichen Kommunikationsbeziehungen werden geschlossene Informationssysteme angestrebt. Dabei lassen sich erhebliche Investitionen in Sachmittel und Organisationsverfahren nicht umgehen.

Als wichtiges Instrument zum Aufbau eines arbeitsfähigen Informationssystems erweist sich der Computer. Die Zahl der im Einsatz befindlichen Computer nimmt deshalb ständig zu. Der Computerbestand betrug beispielsweise am 1. Juli 1970 laut der Diebold-Statistik[1] in der Bundesrepublik 7259 Einheiten. Davon sind allein 930 Computer im ersten Halbjahr 1970 installiert worden. Bei einem durchschnittlichen Kaufwert von ca. 1,1 Mio. DM je Computer repräsentiert der gesamte Computer-Bestand einen Investitionswert von etwa 8 Mrd. DM.

So beträchtlich die Investitionen in die Computer und die Zusatzgeräte – d. h. die Sachmittel – auch sind, sie können von den Investitionen für einmalige und laufende Um- und insbesondere Neuorganisationen durchaus erreicht oder gar überschritten werden, da eine Vielzahl von Unternehmensbereichen und gleichzeitig das Unternehmen als Ganzes von dieser Organisationstätigkeit erfaßt werden. Die Übernahme von Verfahren der automatisierten Datenverarbeitung verursacht somit erhebliche sachliche, finanzielle und personelle Auswirkungen, die sich unter Umständen als sehr risikoträchtig herausstellen können. Andererseits erhofft man sich von derartigen Investitionen zum Teil erheblichen wirtschaftlichen Nutzen durch Rationalisierungseffekte. Investitionsentscheidungen von diesem Umfang und derartiger Bedeutung und Tragweite für die Unternehmung rechtfertigen eingehende Wirtschaftlichkeitsanalysen. Dies gilt für die Informationswirtschaft um so mehr, als heute Wirtschaftlichkeitsuntersuchungen im Materialbereich schon für weitaus geringere Investitionsbeträge angestellt werden. Ferner schützt eine zahlenmäßig untermauerte Analyse vor der stillschweigenden Gleichsetzung von technischem Fortschritt und Wirtschaftlichkeitsprinzip.

Die Probleme, die sich bei der Wirtschaftlichkeitsanalyse des Computer-Einsatzes zur Errichtung eines Informationssystems stellen, sind zurückzuführen auf die Unsicherheit bezüglich zukünftiger Entwicklungen, auf die Schwierigkeiten der Bewertung heterogener Einflußfaktoren und auf mangelnde Erfahrungen bei der Investitionsplanung und -kontrolle im ADV-Bereich.

Diese Arbeit versucht, bestehende Ansätze der Wirtschaftlichkeitsanalyse auf ihre Anwendbarkeit zu prüfen und gegebenenfalls zu modifizieren sowie neue

[1] vgl. etwa: die computerzeitung 28. Okt. 1970, Seite 8.

Verfahren zu entwickeln. In Kap. 2 werden die grundlegenden Begriffe der Informationsverarbeitung (Kommunikation, Information, Daten) definiert, um darauf aufbauend die Struktur und die Merkmale eines Informationssystems zu erläutern. Dieser Darstellung schließt sich in Kap. 3 eine Betrachtung über die allgemeinen Probleme der Kosten- und Nutzenermittlung, insbesondere der Bewertungs- und konkreten Rechenverfahren an.

Die Wirtschaftlichkeitsanalyse wird im Rahmen eines Informationssystems auf Entscheidungsfälle unterschiedlicher Frequenz angewandt. Verhältnismäßig selten tritt die Grundsatzentscheidung über einen Computer-Einsatz einschließlich Computer-Auswahl auf (Kap. 4). Häufiger stehen Entscheidungen bezüglich der Auswahl und Durchführung von ADV-Anwendungsprojekten an (Kap. 5). Laufende Aufgaben der Kosten- und Nutzenerfassung entstehen bei der innerbetrieblichen Informations-Leistungsverrechnung (Kap. 6).

Die Wirtschaftlichkeit eines Informationssystems wird nicht zuletzt von seiner inneren Organisation bestimmt. In Kap. 7 werden daher einige quantitative Verfahren zur Beschreibung und zum Teil zur Optimierung der Struktur oder Funktionsweise eines Kommunikationssystems dargestellt.

Die angeführten Methoden der Wirtschaftlichkeitsanalyse können grundsätzlich auf verschiedene Informationssysteme (betriebliche, nichtbetriebliche) angewandt werden, wenngleich sich die folgenden Überlegungen primär an den Gegebenheiten eines Industriebetriebes orientieren.

1 Informationssysteme

1.1 Grundbegriffe

Informationssysteme werden geplant und errichtet, um Kommunikationsprozesse zu erleichtern und transparenter zu machen. Gegenstand der Kommunikation ist die Information. Die Struktur und die Merkmale eines Informationssystems können demnach sinnvoll erst nach Klärung der Grundbegriffe ‚Kommunikation' und ‚Information' definiert werden.

1.1.1. Die Kommunikation

1.1.1.1 Der Kommunikationsbegriff

Die Umgangssprache versteht unter ‚Kommunikation' den Austausch von Wissen, Ideen, Erfahrungen – kurz: von Nachrichten zwischen menschlichen Wesen. Die etymologische Wesensbestimmung des Begriffs aus seinem lateinischen Wortstamm ‚communis' (gemeinsam) ist wenig erfolgversprechend. Dies zeigt Coenenberg [13, S. 34] an einigen Literaturbeispielen, in denen einseitig der soziologische Aspekt der Kommunikation hervorgehoben wird. Auch die grundsätzlich richtige Behauptung Cherry's [11, S. 3] „Communications is essentially a social affair" rückt unzulässig stark die Deutungsabsicht einer Disziplin in den Vordergrund, was für einen interdisziplinären Begriff wenig sinnvoll ist.

Coenenberg [13, S. 35] lehnt mit Recht auch die Abgrenzungen von Simon und Kramer ab, da sie einseitig betriebsorganisatorisch orientiert sind. Simon schränke die Kommunikation auf ‚relevante Informationsübertragung' ein, Kramer setze ‚Kommunikation' gar ‚organisatorischen Regelungen' gleich.

Von den heterogenen, möglichen Deutungsschwerpunkten – soziologisch, organisatorisch, technisch, biologisch – sollte abstrahiert werden. Damit gelangt man zu einer formalen Wesensbestimmung der Kommunikation, wie sie Coenenberg recht treffend formuliert hat: „Kommunikation ist ihrem Wesen nach ein Prozeß, durch den Nachrichten oder Informationen von einem Sender an einen oder mehrere Empfänger übermittelt werden. Wie bereits angeführt wurde, ist die Kommunikation nicht Selbstzweck; sie kann vielmehr Zielen auf den verschiedensten Ebenen dienen. So variabel und vielseitig diese Ziele auch sein mögen – stets wird es die Absicht des Senders sein, den jeweiligen Empfänger zu einem bestimmten Verhalten zu veranlassen" [13, S. 38].

Eine übermittelte Information kann auf unterschiedliche Weise auf das Verhalten des Empfängers einwirken [17, S. 77]:

a) kausal, d. h. als Ursache-Wirkungs-Beziehung
b) als Reiz, d. h. als Reiz-Reaktions-Beziehung
c) nach Verarbeitung beim Empfänger.

Auch komplexe Kommunikationsnetze lassen sich in einer Modellbetrachtung auf eine mehr oder weniger große Zahl von elementaren Kommunikationsketten zurückführen. Eine derartige elementare Kommunikationskette, wie sie in Abb. 1 dargestellt ist, setzt sich zusammen aus:

a) einem Sender
b) einem Empfänger
c) einem (Übertragungs-) Kanal
d) einer gemeinsamen Sprache von Sender und Empfänger

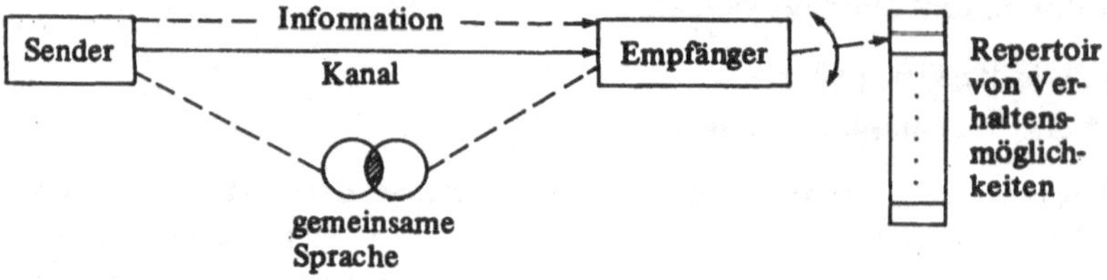

Abb. 1 Elementare Kommunikationskette

Der Vorgang der Kommunikation setzt sich aus der Informationsabgabe beim Sender, dem räumlichen Informationstransport (Transfer) und der Informationsaufnahme beim Empfänger zusammen. Neben dieser dreiteiligen Informations-Transformation räumlicher Art gibt es auch noch solche sachlicher und zeitlicher Art:

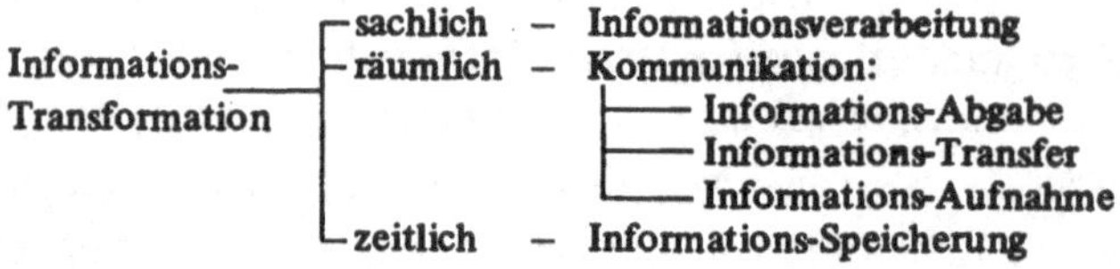

Abb. 2 Informations-Transformationen

Eine Informationsanalyse in einer Organisation (z. B. Unternehmung, Verwaltung) kann die Informationsflüsse nach diesen fünf Transformationen, d. h. Verarbeitungsvorgängen, hin untersuchen. Zur Charakterisierung einer konkreten Kommunikationskette, wie sie in Abb. 1 angegeben wurde, ist zu klären:

wer (Sender)
mit wem (Empfänger)
über welchen Weg (Kanal)
in welchem Code (Verschlüsselung, Sprache)
welche Informationen (Kommunikations-Gegenstand)

austauschen kann.

Zu klären sind somit die Fragen nach [14, S. 130]:

a) Kommunikations-Partner
b) Kommunikations-Kanal
c) Kommunikations-Gegenstand.

1.1.1.2 Kommunikations-Partner und -Kanal

Als Partner einer Kommunikationskette werden heute nicht nur Menschen, sondern auch maschinelle Einrichtungen akzeptiert, wie die Bezeichnung ‚moderne Kommunikationsmittel' für die Fernseh- und Rundfunksysteme zeigt. Eine Unterteilung in Organismen (Mensch, Tiere) und Maschinen ist nützlich. Beide Arten können sowohl als Sender als auch als Empfänger auftreten, wodurch folgende Anordnungsmöglichkeiten entstehen:

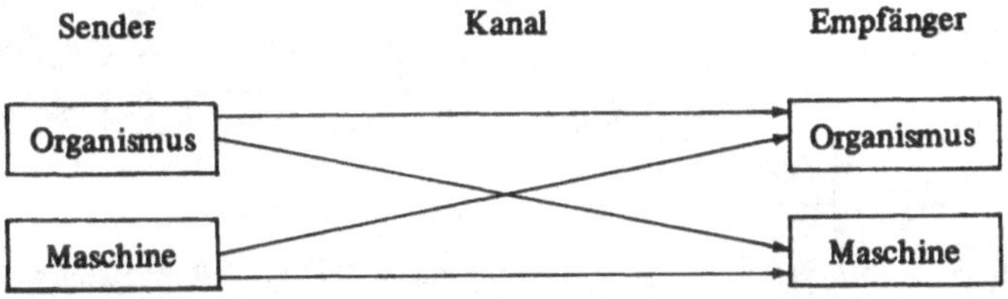

Abb. 3 Mögliche Kommunikations-Partnerkonstellationen

Einfachere Mensch-Maschine-Kommunikationen treten beispielsweise an Kreuzungen mit Ampelanlagen auf. Von besonderer Bedeutung werden in Zukunft komplexere Systeme der Mensch-Maschine-Kommunikation sein, wie: Flugsimulatoren, computer-unterstütztes Konstruieren mit Bildschirm und sonstiger Dialogverkehr mit dem Computer über Bildschirmeinheit.

Bei derartigen Kommunikationsketten, in die sowohl Menschen als auch Maschinen eingegliedert sind, entstehen besondere Probleme der gemeinsamen Sprache. Benutzerfreundliche Dialogsprachen müssen beispielweise entwickelt werden, um Real-Time-Systeme auch wirksam vom Management aus einsetzen zu können.

Der Informations-Übertragungsweg zwischen den Kommunikationspartnern wird ‚Kanal' genannt. Das physikalische Medium des Kanals kann Luft (Schallwellen), Wasser (Druckwellen), Licht (elektromagnetische Wellen), eine elektrische Leitung (Spannungsimpulse) oder eine Nervenzelle (osmotische Ströme) sein. Bezüglich der zulässigen Kommunikationsrichtung sind drei Grundtypen von Kanälen zu unterscheiden: Simplex-, Duplex- und Halbduplex-Kommunikationskette.

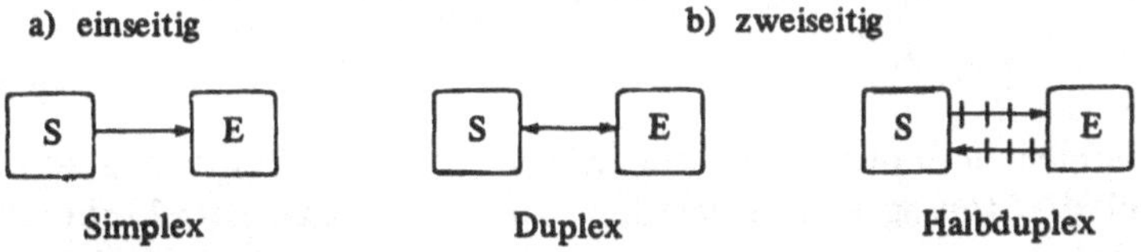

Abb. 4 Kommunikations-Richtung

Der Simplex-Kanal läßt nur einen einseitigen Informationsaustausch, der Duplex-Kanal dagegen einen zweiseitigen zu. Der Halbduplex-Kanal entspricht einer umschaltbaren Simplex-Kette, wie sie etwa mit einer Wechselsprechanlage realisiert ist. Jeder Partner kann Sender oder Empfänger sein, aber nicht beides gleichzeitig. In der betrieblichen Organisation müssen bei einer Systemanalyse die informationellen Beziehungen der Organisationsmitglieder u. a. auf ihre Kommunikationsrichtung hin untersucht werden.

Werden Bearbeitungs-, Speicherungs- oder Relais-Zwischenstellen (Verteilerstellen) in eine Kommunikationskette eingefügt, so entstehen mehrstufige Ketten (Abb. 5).

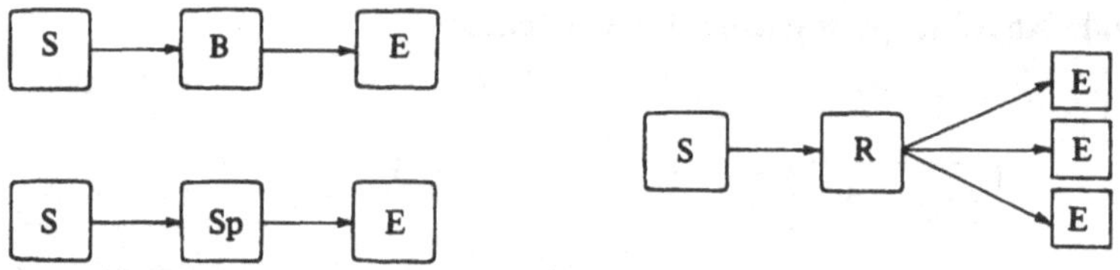

S = Sender
E = Empfänger
B = Bearbeitungsstelle
Sp = Speicherstelle
R = Relaisstelle (= Verteilerstelle)

Abb. 5 Mehrstufige Kommunikationsketten

In modernen Betriebsorganisationen übernehmen häufig die Computer die Funktion von derartigen Bearbeitungs-, Speicherungs- und Relais-Zwischenstellen.

Neben der Kommunikationsrichtung ist die Kanalkapazität eine wichtige Kenngröße eines Kommunikationsweges. In technischen und biologischen, aber auch in einigen organisatorischen Kommunikationsnetzen lassen sich Kapazitätsgrenzen für die unterschiedlichen Kanäle angeben. Drei wichtige Anforderungen sind an ein Kommunikationssystem zu stellen [13, S. 80f.]:

a) quantitative Bedingung
b) qualitative Bedingung
c) zeitliche Bedingung

zu a)

Die Kanalkapazitäten müssen so ausgelegt sein, daß der Informationsbedarf der verschiedenen Empfänger quantitativ gedeckt werden kann.

zu b)

Die übermittelte Information muß ungestört zum Empfänger gelangen. Andernfalls soll die Störung über Fehlererkennungs- oder Fehlerkorrekturmethoden neutralisiert werden. In diesem Zusammenhang ist auf die Objektivierung der Informationsbereitstellung für das Management durch ein Computersystem hinzuweisen. Personell durchgeführte Informationsbeschaffung unterliegt eher einer qualitativen Verfälschung durch bewußtes oder unbewußtes subjektives Einwirken.

zu c)

Die termingerechte Informationsversorgung wurde mit der anschwellenden Flut verfügbarer Informationen ein echtes Problem, das häufig die Einführung eines betrieblichen Computersystems entscheidend beeinflußt.

1.1.2 Semiotik und Information

Sender, Empfänger und Kanal sind die Elemente einer Kommunikationskette. Gegenstand des Kommunikationsvorgangs aber ist die Information. Was aber ist ‚Information'? Die Sprachwissenschaft zeigt, daß es sinnvoll ist – ausgehend von einer elementaren Kommunikationskette –, die ‚Information' auf drei Ebenen zu analysieren und zu betrachten, auf den Ebenen:

a) Syntaktik
b) Semantik
c) Pragmatik.

Die so differenzierende Sprachwissenschaft bezeichnet man als ‚Semiotik' [11, S. 219ff.]. Diese drei sprachlichen Analyseebenen befassen sich mit folgenden Erscheinungen der Information:

a) dem Signal (Form)
b) der Bedeutung (Inhalt)
c) der Wirkung (Zweck).

Die physikalische Erscheinungsform einer Information ist ein Signal. Signale sind beispielsweise akustische oder elektromagnetische Wellen. Das Signal ist demnach physikalischer Träger der Information.

Jede Information besitzt aber über diesen Träger hinaus eine Bedeutung, einen Bezug auf einen Denkinhalt. Über den Kanal einer Kommunikationskette wird stets nur das Signal, also die physikalische Form der Information übertragen. Die zugehörige Bedeutung muß vom Empfänger aus dem empfangenen Signal rekonstruiert werden. Die Zuordnung (Transformation) von Bedeutungen zu Signal bezeichnet man verallgemeinert als ‚Codieren'. Die entsprechende Zuordnungsliste wird auch ‚Code' genannt. Die einzelnen Bedeutungspositionen eines Code bilden ein Alphabet. Besitzt der Empfänger die gleiche Zuordnungsliste wie der Sender, so kann er aufgrund des eingehenden Signals eine Rücktransformation auf die zugehörige Bedeutung der Information vornehmen. Diese Rücktransformation wird ‚Decodieren' genannt. Ein Code, der sowohl dem Sender als auch dem Empfänger bekannt ist, entspricht der Forderung nach einer ‚gemeinsamen Sprache'.

Die bisherigen Ergebnisse können schematisch zusammengefaßt werden:

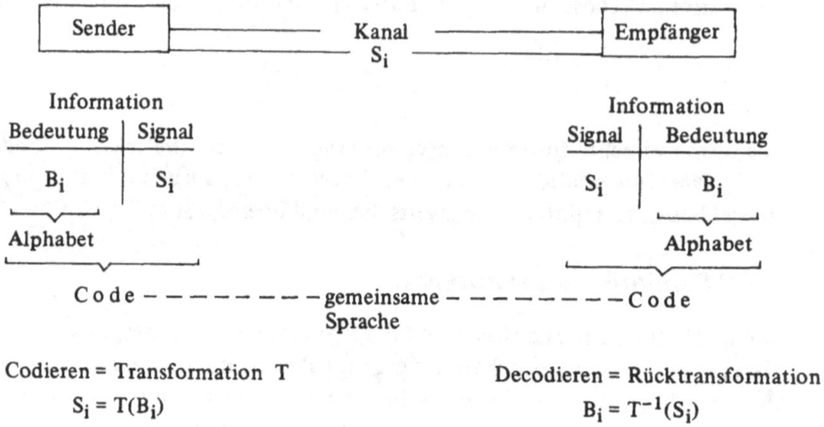

Beispiel:

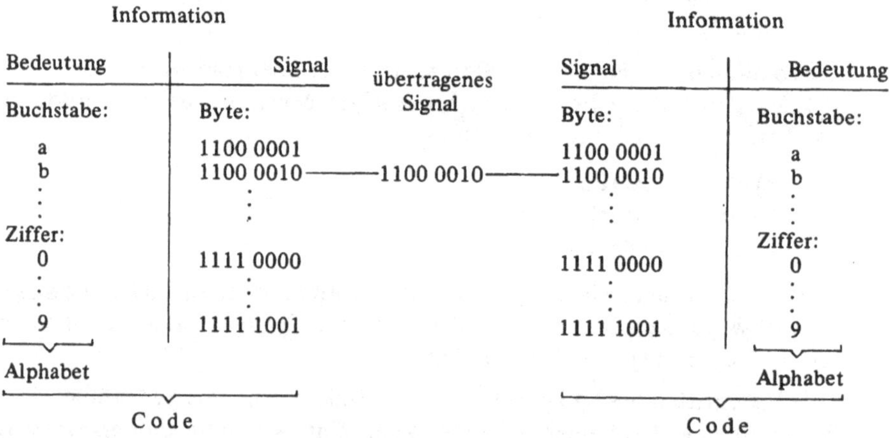

Abb. 6 Codierung und Decodierung

Aufgrund der bisherigen Ergebnisse kann Information als eine Einheit von

a) einem raumzeitlichen Signal (Form) und
b) einer Bedeutung (Inhalt)

verstanden werden.

Die Information zeigt jedoch eine bestimmte Wirkung auf den Empfänger. Diese Wirkung, d. h. die Verhaltensauswahl des Empfängers ist aber nicht allein von Form und Inhalt der Information, sondern auch vom jeweiligen Empfänger und seinen Zweckvorstellungen abhängig. Information erzeugt demnach zwar Wirkung beim Empfänger, zeigt selbst jedoch keine vom Empfänger unabhängige Zweckorientierung. Dieselbe Information kann von unterschiedlichen Empfängern zu unterschiedlichen Zwecken verwertet werden. Umgekehrt kann ein Empfänger unterschiedliche Informationen zu ein und demselben Zweck einsetzen.

Die drei Ebenen der Semiotik befassen sich mit den drei Erscheinungsebenen der Information:

Semiotik	Erscheinungsebene der Information	Analyseschwerpunkte
3. Pragmatik	Wirkung (Zweck)	Ziele
2. Semantik	Bedeutung (Inhalt)	Sprache
1. Syntaktik	Signal (Form)	Übertragungstechnik

Auf der ersten Analyseebene, der Syntaktik, wird sowohl vom konkreten Empfänger und seinen Zweckvorstellungen als auch vom Bedeutungsgehalt des Kommunikationsinhalts abstrahiert. Im Mittelpunkt des Interesses am Kommunikationsprozeß stehen die physikalische Form (Signal) und die statistischen Aussagen hierüber.

Die Semantik bezieht den Bereich der Bedeutung (Denkinhalt) mit in den Untersuchungsraum mit ein. Die von Sender und Empfänger verabredeten Bedeutungen der Signale werden analysiert.

Die Pragmatik behandelt den Kommunikationsprozeß in seiner ganzen Komplexität. Die Information wird – als Kommunikationsgegenstand – einer Analyse in bezug auf Form, Inhalt und Wirkung auf den Empfänger unterworfen. Ein konkreter Empfänger mit seinen spezifischen Fähigkeiten, die Bedeutung der Information aus dem empfangenen Signal zu rekonstruieren, zu verarbeiten und individuell darauf zu reagieren, muß hier mit berücksichtigt werden.

Jegliche Systemanalyse von Informationsflüssen in betrieblichen und außerbetrieblichen Organisationen muß bei jedem Arbeitsschritt festlegen, auf welcher Ebene der Semiotik die Analyse zu erfolgen hat. Im Rahmen einer derartigen Informationsanalyse kann zum Beispiel die Ist-Erfassung von Formularen nach allen drei Ebenen der Semiotik erfolgen:

a) syntaktische Fragestellung:
   Formularformat, -farbe, -gestaltung durch Feldeinteilung; zulässige Zeichen für Kenngrößenmarkierung: Ziffern oder/und Buchstaben

b) semantische Fragestellung:
   Inhalt der Felder: z. B. Datum, Name, Abteilungs-Nr., Artikel-Nr.

c) pragmatische Fragestellung:
   von welchen Empfängern wird das Formular entgegengenommen und zu welchen Zwecken wird es verwertet?

1.1.3 Information und Daten

Eng verwandt mit dem Begriff ,Information' ist der Begriff ,Daten'. Dieses Wort ,Daten' tritt heute in sehr vielen Zusammenhängen auf. Man spricht unter anderem von Datenverarbeitung, Datenerfassung, Datenübertragung und Datenbeständen. Diese Ausdrücke weisen alle auf den Computer-Einsatz hin. Eine Definition der Daten als ,maschinell lesbare Informationen' findet deshalb gelegentlich Anwendung. Jedoch spricht man z. B. auch in der volkswirtschaftlichen Terminologie von ,Daten', und zwar wenn Informationen eine ökonomische Situation beschreiben (vgl. etwa den Ausdruck ,Datenkranz'). Eine computer-orientierte Definition ist demnach kaum brauchbar.

Auch die Vorstellung, Daten seien der input, also das informationelle Rohmaterial, dagegen Informationen der output eines Bearbeitungsprozesses [88], erweist sich als nicht schlüssig. Der output eines Computer-Programms dient nämlich recht häufig gleichzeitig als input für ein Folgeprogramm – Informationen sind damit gleichzeitig Daten und umgekehrt.

Ein gewisser Dualismus findet sich im Begriff ,Informationen'. Informationen sind nämlich entweder von imperativer, anweisender Natur oder von indikativem, beschreibendem Charakter. „Diese beiden Aspekte – der anweisende und der beschreibende Charakter von Informationen – durchziehen als roter Faden die ganze Welt der Informationsbearbeitung" [41, S. 18; vgl. auch 14, S. 22f.].

Dieser Dualismus spiegelt sich wider in Ausdrücken wie [vgl. 35, S. 30f.]:

Steuerungs- /Unterrichtungsinformationen
Anweisungs-/Unterrichtungsinformationen
Befehls- /Berichtsinformationen
anordnende /nichtanordnende Informationen.

Im folgenden wird die Untergliederung des Oberbegriffs ,Information' in *Anweisungen* und *Daten* gewählt. Sicherlich ist ein ,Datum' im Sinne einer Terminangabe beschreibender Natur. Nur wird der Ausdruck ,Daten' bzw. Singular: ,Datum' verallgemeinert angewandt. Als Daten sind demnach auch Informationen, wie:

a) Kunden-Nr.
b) Artikel-Nr.
c) Artikel-Bezeichnung
d) Artikel-Preis
e) Lagerbestand
f) Bestellmenge

anzusprechen.

Diese Daten beschreiben beispielsweise einen Bestellvorgang. Daten sind demnach beschreibende Informationen über einen Gegenstand oder Vorgang. Die

Daten a), b), c) sind geeignet, um eine Klassifizierung oder allgemein eine Ordnung aufzubauen. Sie können als *Ordnungsinformationen* gekennzeichnet werden.

Ein anderer Teil von Daten – im genannten Beispiel die Daten d), e), f) – dient vorwiegend der Mengenabgrenzung eines Gegenstandes oder Vorgangs. Sie seien als *Mengeninformationen* bezeichnet.

Daten sind demnach Informationen mit Ordnungs- oder Mengencharakter. Ordnungsinformationen werden vorwiegend ordinalen Skalierungen unterworfen, Mengeninformationen vor allem kardinalen Messungen. Daten können recht unterschiedlichen Informationsverarbeitungsprozessen unterworfen werden. Als elementare Operationen können folgende Vorgänge gelten:

<table>
<tr><td>1. Daten-Aufnahme</td><td rowspan="3">Kommunikation
= räumliche Transformation</td></tr>
<tr><td>2. Daten-Übertragung</td></tr>
<tr><td>3. Daten-Abgabe</td></tr>
<tr><td>4. Daten-Bearbeitung</td><td>= sachliche Transformation</td></tr>
<tr><td>5. Daten-Speicherung</td><td>= zeitliche Transformation</td></tr>
</table>

Diese Operationen mit Daten, d. h. mit Ordnungs- und Mengeninformationen bedürfen einer initiierenden Einleitung. Diese Einleitung erfolgt durch imperative Informationen, d. h. durch Anweisungen. Anweisungen können demnach auch als *Steuerungsinformationen* angesprochen werden. Die Anweisung ‚Multiplikation' erzeugt aus den beiden Mengeninformationen ‚Stückzahl' und ‚Stückpreis' eine neue Mengeninformation ‚Rechnungswert', die zusammen mit den Ordnungsinformationen ‚Artikel-Nr.' und ‚Kunden-Adresse' auf das Rechnungsformular übertragen wird.

In Abb. 7 sind die bisherigen Ergebnisse schematisch zusammengefaßt.

<table>
<tr><th colspan="2">Kommunikationsgegenstand</th><th>Charakter</th><th>Informationsart</th><th>wichtigste Skalierung</th><th>Beispiel</th></tr>
<tr><td rowspan="3">Information</td><td rowspan="2">Daten</td><td rowspan="2">indikativ (beschreibend)</td><td>Mengeninf.</td><td>kardinal</td><td>Lagerbestand</td></tr>
<tr><td>Ordnungsinf.</td><td>ordinal</td><td>Artikel-Nr.</td></tr>
<tr><td>Anweisungen</td><td>imperativ (anweisend)</td><td>Steuerungsinf.</td><td>nominal</td><td>Saldierungsbefehl</td></tr>
</table>

Abb. 7 Spezifizierung des Begriffs ‚Information'

Informationen besitzen keinen Selbstzweck. Sie werden beim Empfänger zu Entscheidungen verwertet. Eine *Entscheidung* bedeutet eine Transformation von Input-Informationen in Output-Informationen mit der Zielsetzung des Entscheidenden, eine Handlung aus alternativ möglichen auszuwählen und einzuleiten. Demnach benötigt der Entscheidungsträger Informationen sowohl zur Entscheidungsfindung als auch zur Entscheidungsdurchsetzung.

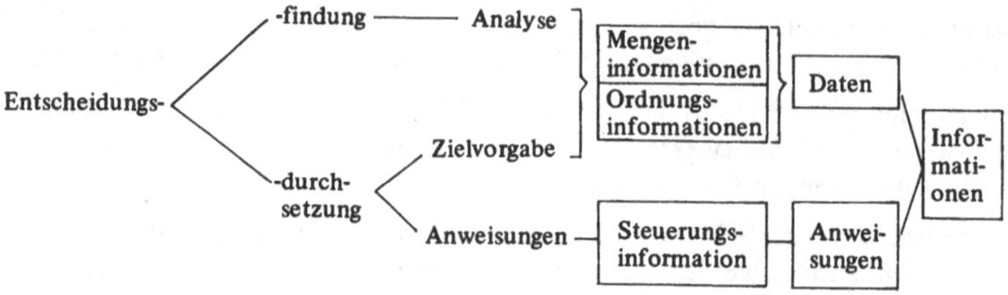

Abb. 8 Informationen und die Entscheidung

Die in diesem Abschnitt entwickelte Systematik im Zusammenhang mit dem Begriff ‚Information' kann vorteilhaft in einer Informationsanalyse eingesetzt werden. Informationsanalysen gewinnen mit der Planung, Entwicklung, Einführung und Implementierung von Informationssystemen zunehmend an Bedeutung. Ein wirtschaftlicher Einsatz derartiger Informationssysteme muß durch eingehende Informationsanalysen vorbereitet werden. Von einem Manager muß zunehmend neben den klassischen Managementfunktionen die Fähigkeit zur Beschreibung, Abgrenzung und Bewertung der eigenen und fremder Informationsbedürfnisse gefordert werden – soweit er Mitglied eines computer-orientierten Informationssystems ist.

1.2 Aufbau und Merkmale eines Informationssystems

Eine Antwort auf die Frage nach dem Wesen eines Informationssystems kann heute nur mit wenig empirischem Material untermauert werden, da umfassende computer-orientierte Informationssysteme heute noch kaum praktiziert werden. Erfahrungen mit bisherigen ADV-Systemen, heute sich stellende Anforderungen und erkennbare Entwicklungstendenzen erlauben dennoch gewisse Aussagen über zukünftige Informationssysteme. Zu diesem Zweck muß jedoch die oben genannte Frage differenziert werden. Es stellen sich dann Fragen nach der Struktur, den Aufgaben und den Merkmalen eines derartigen Systems.

Für den Begriff ‚Informationssystem' wird eine Vielzahl von Definitionen angeboten. Ein Informationssystem wird zum Beispiel verstanden als „The combination of human and computerbased capital resources which results in the collection, storage, retrieval, communication, and use of data for the purpose of efficient management (planning, decision making, reporting, and control) of operations in organizations" [57]. Unabhängig von der Organisation – sei es eine betriebliche oder eine außerbetriebliche – können zwei wichtige allgemeine Aufgaben eines Informationssystems aus dieser Definition herausgelesen werden:

a) eine Dokumentationsfunktion und
b) eine Steuerungsfunktion.

Daten müssen abgespeichert und wieder bereitgestellt werden (Dokumentationsfunktion), aber auch Anweisungen, z. B. dispositiver Art, können vom Informationssystem ausgehen (Steuerungsfunktion). Die Gewichtung dieser beiden Funktionen ist unterschiedlich bei den verschiedenen Informationssystemen. In Informationssystemen der Patentämter, der Kriminalämter und bei Presse und Rundfunk wird die Dokumentationsfunktion dominieren. In Reservierungssystemen der Luftfahrt- und Bahngesellschaften, in Diagnostik-Informationssystemen, insbesondere aber in betrieblichen Informationssystemen, werden beide Funktionen etwa gleichberechtigt auftreten.

Die Dokumentationsfunktion wird von einer Datenbank, die Steuerungsfunktion vor allem von einer Modellbank getragen. Daten- und Modellbank sollen hier in Verbindung mit einem Computer interpretiert werden. Ein Informationssystem heute und in Zukunft ohne einen Computer definieren zu wollen, erscheint eher als eine intellektuelle Spielerei als eine praktikable Abgrenzung. Informationssysteme sind von dem Umfang der Daten, der Komplexität der Verarbeitungsprozesse und den Forderungen bezüglich Aktualität der Informationen her dazu prädestiniert, auf Computerbasis errichtet zu werden. Ferner werden fast durchweg Erfahrungen mit einfacheren computer-orientierten Verarbeitungssystemen der Entwicklung und Errichtung eines Informationssystems vorausgehen. Die jeweils zu fordernde Betriebsart des Computers – Batch, Real-Time, Multiprogramming, on-line, Time-Sharing, Datenfernverarbeitung etc. – wird von der konkreten Aufgabenstellung des Informationssystems abhängen.

Unter einer Datenbank kann die Gesamtheit der verfügbaren Datenbestände und der Datenorganisation verstanden werden. Häufig werden jedoch verschärfte Forderungen, wie die Möglichkeit nach weitgehend beliebig gekoppelten Abfragen von Daten unterschiedlicher Dateien, an die Datenbank gestellt. Eine Datenbank stellt damit qualitativ eine neue Einheit dar und ist nicht nur ein additiver Bestand unabhängiger Einzeldateien. „Unter einer Datenbank versteht man datentechnisch die Zusammenfassung von verschiedenen Datenbeständen (Dateien) eines abgeschlossenen Organisationsbereiches, und zwar so, daß man ohne systembedingte Behinderung zu jedem gespeicherten Datenelement (Satz, Segment) direkt zugreifen kann und daß man solche Elemente beliebig über Hauptordnungskriterien hinweg, die die Speicherungsform von Beständen festlegen, aus unterschiedlichen Dateien in Verarbeitungsprozessen kombinieren kann" [73, S. 178]. Die Einengung: ‚ohne systembedingte Behinderungen' erscheint jedoch theoretisch und zu eng. Es gibt durchaus praktikable Datenbanken, in denen man auf bestimmte Elemente nur auf Umwegen, also mit systembedingten Behinderungen zugreifen kann.

Die Auswertung der Daten aus der Datenbank erfolgt mit Hilfe von Programmen der Modellbank. Die Modellbank besteht aus einer Sammlung aufeinander abgestimmter Modelle der Informationsprozesse, zu deren Steuerung und Dokumentation das Informationssystem errichtet wurde. Ein Modell entsteht durch Abstraktion des wirklichen Prozesses. Eine gezielte Manipulation und darauf folgende Beobachtung des Modells gestattet Rückschlüsse auf das Verhalten des realen Prozesses. Das Modelldenken steht im Mittelpunkt der quantitativen Planungs- und Entscheidungsmethoden, die meist als Operations Research (Unternehmensforschung) bezeichnet werden. Die Gesamtheit aller Modelle zur Bearbeitung der Datenbestände werden – soweit sie als Programme und Unterprogramme in einer Computer-Sprache vorliegen – Programmbibliothek genannt. Die Modellbank umfaßt alle Programme und sonstigen Modelle zur Aktualisierung und Auswertung der Datenbank entsprechend der Aufgabenpyramide des Informationssystems. Eine derartige Aufgabenpyramide kann nach unterschiedlichen Kriterien gegliedert sein, z. B. nach Häufigkeit der Aufgabenstellung, nach Managementebenen oder nach der Automatisierungsfähigkeit der Entscheidungsaufgabe. Die Aufgabenpyramide eines betrieblichen Informationssystems, das häufig auch als Management Informationssystem (MIS) bezeichnet wird, weist drei Ebenen qualitativ unterschiedlicher Datenverarbeitungsaufgaben auf:

a) Automatisierung der Routine- bzw. Massenarbeiten
b) Teilautomatisierung von Dispositionsaufgaben
c) Planungs- und Entscheidungshilfe.

Die erste Ebene umfaßt vor allem die vergangenheits-orientierten Abrechnungsaufgaben des Rechnungswesens, wie Fakturierung, Lohn-, Material- und Vertriebsabrechnung. Zu den dispositiven Entscheidungen zählen Aufgaben, wie das Mahnwesen, Bestellrechnung und Fertigungsterminierung. Während die Abrechnungsaufgaben weitgehend automatisierbar sind, wird bei den meisten Dispositionsaufgaben nur eine Teilautomatisierung erreichbar sein, soll der Aufwand für Sonderfälle im programmierten Modell begrenzt werden. Ein automatisiertes Bestellverfahren wird so zum Beispiel nur für ca. 90% der Artikel disponieren, während die übrigen Artikel, die nur sehr selten bestellt werden, eine sehr ungleiche Nachfrage aufweisen oder nur für kurze Zeit in das Sortiment aufgenommen wurden, von einem Disponenten manuell bearbeitet werden.

Für die zukunfts-orientierten Planungs- und Entscheidungsaufgaben, wie Personal-, Produkt-, Absatzplanung und Budgetierung wird ein computer-orientiertes Informationssystem auch für absehbare Zeit keine automatisierten Lösungen, sondern ‚nur' Informationshilfen leisten können.

Die Struktur eines Informationssystems wird nicht allein durch Angabe der gerätemäßigen Einrichtungen, der Arbeitsmethoden und der zu lösenden Aufgaben festgelegt, worauf auch das diesem Kapitel vorangestellte Zitat hinweist. Die Anwender dieser Einrichtungen müssen mit einbezogen werden, da sie wesensbestimmend unter anderem für die Aufgabenpyramide, die Betriebsart des Computers (z. B. Real-Time) und die Organisation der Daten- und Modellbank sind. Das personelle Kommunikationsnetz, welches das Computersystem umgibt, muß damit als konstitutives Element des Informationssystems verstanden werden. Eine optimale Systemkonzeption ist ohne vorausgehende Informationsanalyse im personellen Kommunikationsnetz nicht möglich.

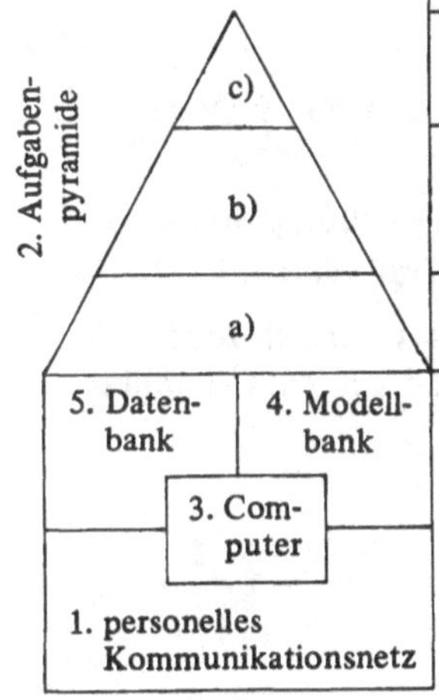

Aufgabe	Entscheidungsart	Zeitbegrenzung
Planungs- und Entscheidungshilfe	strategisch	zukunfts-orientiert
Teilautomatisierung der Dispositions-arbeiten	dispositiv	gegenwarts-/zukunfts-orientiert
Automatisierung der Routinearbeiten	operativ	vergangenheits-orientiert

Abb. 9 Grundsätzliche Struktur eines Informationssystems (wobei die Aufgabenpyramide für ein betriebliches Informationssystem spezifiziert wurde).

Die Konzipierung eines betrieblichen oder außerbetrieblichen Informationssystems bedeutet somit die Beantwortung folgender grundlegenden Frage:

1. für welchen Personenkreis sollen
2. welche Aufgaben mit
3. welchem Computer unter Anwendung
4. welcher Modellbank auf
5. welche Datenbank gelöst werden?

Die verschiedenen Informationssysteme unterscheiden sich in einem oder mehreren dieser fünf Strukturelemente. Bei betrieblichen Informationssystemen ist der Anwenderkreis eng umrissen, kaum dagegen bei einigen außerbetrieblichen Auskunftssystemen (z. B. Immobilien-Informationssystem). Die Aufgabenpyramide kann die gesamten betrieblichen Funktionsbereiche umfassen (MIS) oder nur einen einzelnen Bereich (z. B. Vertriebs-Informationssystem). Eine Datenbank kann formatierte Daten enthalten oder nichtformatierte Daten (Information-Retrieval-System). Die Modellbank kann die Steuerungsfunktion (militärisches Informationssystem) oder die Dokumentationsfunktion (Auskunftssysteme) bevorzugt ausüben. Unterschiede zwischen den Informationssystemen bestehen schließlich in der Betriebsart des eingesetzten Computers. Es finden sich Systeme mit einfachem Batch-Betrieb und solche mit Dialog- und Prozeßsteuerungsbetrieb (z. B. Diagnostik-Informationssystem).

Ausgehend von der Struktur und den Aufgaben eines allgemeinen Informationssystems, wie sie in Abb. 9 zusammengestellt worden sind, können beispielsweise für ein betriebliches Informationssystem (Management-Informationssystem) weiter spezifizierende Merkmale entwickelt werden. Es sind zu nennen[1]:

a) quellennahe Datenerfassung

b) horizontale Integration durch Abstimmung von Programmen und Dateien benachbarter Aufgabenbereiche

c) vertikale Integration durch aufgabengerechte Daten-Verdichtung und -Auffächerung für die verschiedenen Entscheidungsebenen (vgl. hierzu: [52])

d) weitgehende Entscheidungsautomatisierung, indem wirtschaftlich formalisierbare und programmierbare ‚Entscheidungen' weitgehend auf den Computer übertragen werden.

[1] Eine eingehende Behandlung dieser Merkmale findet sich in [15].

2 Probleme der Kosten- und Nutzenermittlung

2.1 Grundfragen der Wirtschaftlichkeitsanalyse

2.1.1 Das ökonomische Prinzip

Ziel einer Wirtschaftlichkeitsanalyse ist es, alle Faktoren, die die wirtschaftliche Zweckmäßigkeit des geplanten oder vergangenen (Betriebs-)Geschehens beeinflussen, aufzuzeigen und für eine Beurteilung aufzubereiten.

Allgemeine theoretische Grundlage für die Beurteilung der wirtschaftlichen Zweckmäßigkeit bildet dabei das ‚ökonomische Prinzip'. Es wird in der Literatur meist für zwei Sonderfälle formuliert:

a) als Maximumprinzip fordert es, mit gegebenen Einsatzmitteln das größtmögliche Einsatzergebnis zu erzielen.

b) als Minimumprinzip (Sparprinzip) fordert es, ein angestrebtes Einsatzergebnis mit möglichst geringem Mitteleinsatz zu erreichen.

Die Voraussetzungen dieser beiden Sonderfälle, nämlich die Konstanz der eingesetzten Mittel bzw. die Konstanz des Einsatzergebnisses, sind jedoch bei der im weiteren durchzuführenden Wirtschaftlichkeitsanalyse nur selten erfüllt. Es ist daher für die folgenden Betrachtungen eine allgemeinere Formulierung erforderlich:

$$\text{max!}\ K = K(e, a) \quad \text{mit} \quad \mathbb{K} = \{K \mid dK > 0 \ \text{wenn} \ de > da\}$$

wobei e = Einsatzergebnis,
a = Mitteleinsatz
$\mathbb{K}$ = Menge aller Funktionen K

Handeln nach dem ökonomischen Prinzip ist ein Vorsatz, der sich in der Praxis nur unter Einschränkungen realisieren läßt[1]:

a) Rationales Handeln ist zielgerichtetes Handeln. Es fehlt in der Praxis jedoch häufig ein explizit formuliertes, allgemein verbindliches Zielsystem. Die einzelnen Entscheidungsträger handeln vielmehr nach eigenen subjektiven Zielsystemen, die nur teilweise durch Kommunikation aufeinander abgestimmt sind. Infolge solcher Differenzen zwischen den Zielsystemen ist die vom ökonomischen Prinzip geforderte Optimierung des Verhältnisses von Einsatz und Einsatzergebnis nur angenähert möglich.

b) Ein zweites Hindernis ist grundsätzlicher Natur (vgl. auch [3, S. 74; 9, S. 727]): Es existiert kein Maßsystem, das geeignet ist anzugeben, und zwar

[1] vgl. dazu auch die Ausführungen von H. Noack [33, S. 42ff]

unter Berücksichtigung aller Einflußgrößen, inwieweit bei der Zielverfolgung nach dem ökonomischen Prinzip gehandelt wird. Der Grad der wirtschaftlichen Zweckmäßigkeit einer (betrieblichen) Aktivität läßt sich nicht mit einer Universalgröße bestimmen. Man muß daher versuchen, möglichst viele Einflußfaktoren zu einer die Wirtschaftlichkeit kennzeichnenden Erfolgsgröße zusammenzufassen und die nicht berücksichtigten Einflußfaktoren gesondert anzugeben.

c) Konsequentes Handeln nach dem ökonomischen Prinzip erfordert weiterhin eine uneingeschränkte Transparenz des betrieblichen Geschehens, insbesondere die Kenntnisse aller Einflußfaktoren in ihrer derzeitigen und zukünftigen Größe, sowie die genaue Kenntnis ihrer Wirkungsmechanismen. In der Praxis sind demgegenüber oft nur ungenaue Aussagen über einzelne Einflußfaktoren möglich. Zugleich ist die Zurechnung des Ergebnisses auf verursachende Einflußfaktoren oft problematisch.

d) Das ökonomische Prinzip beinhaltet ein Streben nach Optimierung. Das bedeutet, daß sämtliche Handlungsalternativen untersucht und miteinander verglichen werden müßten, um die beste Alternative auswählen zu können. Eine derartige Schlußfolgerung läßt jedoch außer acht, daß auch wirtschaftliche Analysen selbst oft mit erheblichem Mitteleinsatz verbunden sind. Wendet man aber das ökonomische Prinzip auf den Auswahlprozeß selbst an, so ist zu fordern, daß auch der mit der Untersuchung der einzelnen Alternativen verbundene Mitteleinsatz in einem sinnvollen Verhältnis zu den damit erreichbaren Ergebnisverbesserungen steht. Daraus ergibt sich für die Praxis die Konsequenz, sich auf die Untersuchung der wichtigsten erkennbaren Alternativen zu beschränken. In vielen Fällen kann es sogar zweckmäßig sein, lediglich zu überprüfen, ob eine betriebliche Aktivität einem vorgegebenen Anspruchsniveau hinsichtlich ihrer Wirtschaftlichkeit genügt.

2.1.2 Besondere Gesichtspunkte bei der Wirtschaftlichkeitsanalyse von Informationssystemen

Informationelle Beziehungen sind in der Regel integrierende, lebensnotwendige Bestandteile eines Betriebes (oder eines anderen sozio-ökonomischen Systems). Aus dieser Tatsache ergeben sich für die wirtschaftliche Analyse eines Informationssystems zwei wesentliche Einschränkungen:

a) Im allgemeinen steht nicht die Existenz des Informationssystems als Ganzes zur Diskussion, sondern lediglich seine Gestaltung.

b) Es kann für ein betriebliches Informationssystem im allgemeinen keine isolierte, vom übrigen Betriebsgeschehen gelöste Wirtschaftlichkeitskenngröße angegeben werden.

Trotz dieser Einschränkungen ist es wichtig und sinnvoll, die betrieblichen Aktivitäten im Bereich des Informationswesens und die damit verbundenen Investitionen wirtschaftlich zu analysieren, da sie mit Maßnahmen und Investitionen in anderen betrieblichen Funktionsbereichen konkurrieren. Gegenstand solcher Untersuchungen sind jedoch nicht das Informationssystem als Ganzes, sondern nur die in ihm vorgenommenen bzw. vorzunehmenden Veränderungen und die damit verbundenen zusätzlichen Investitionen. Unter diesem Aspekt erscheint der Begriff ‚Leistung' zur Kennzeichnung des Einsatzergebnisses eines Informationssystems problematisch[2]:

Durch eine zweckmäßige Gestaltung des betrieblichen Informationssystems lassen sich nicht nur die betrieblichen Leistungen bzw. Erträge steigern, sondern häufiger noch die Kosten vermindern. Für die Beurteilung eines Informationssystems erscheint es jedoch sinnvoll, diese Kostenminderungen nicht mit den Kosten des Informationssystems zu saldieren, sondern sie dem Einsatzergebnis zuzurechnen. Darüber hinaus erscheint es speziell für die Beurteilung eines computer-orientierten Informationssystems zweckmäßig, auch die Einsparungen im konventionellen Informationssystem als Einsatzergebnis des neuen Systems zu erfassen. Damit wird jedoch der klassische Begriff der Leistung zur Kennzeichnung des Einsatzergebnisses gesprengt. In den weiteren Betrachtungen wird daher anstelle des Begriffes ‚Leistung' der umfassendere Begriff ‚Nutzen' verwandt. Zum Vergleich der beiden Größen Nutzen und Kosten lassen sich verschiedene Kennzahlen definieren, wie:

a) Nettonutzen $= \text{Nutzen} - \text{Kosten}$

b) Wirtschaftlichkeit $= \dfrac{\text{Nutzen}}{\text{Kosten}}$

c) Rentabilität $= \dfrac{\text{Nettonutzen}}{\text{eingesetztes Kapital}}$

Auf die verschiedenen Verfahren zur praktischen Ermittlung derartiger Kennzahlen wird in Kap. 2.4 näher eingegangen.

Die Produktivität ist kaum als Maß zur Beurteilung eines Informationssystems geeignet; denn die Zweckmäßigkeit eines solchen Systems läßt sich nicht durch die Menge der verarbeiteten und produzierten Informationen beurteilen – ein Informationsüberfluß ist eher schädlich als nützlich. Lediglich bei der Auswahl einzelner technischer Hilfsaggregate kann die Produktivität ein sinnvolles Entscheidungskriterium sein.

[2] Es erscheint sinnvoll, in der Wirtschaftlichkeitsanalyse des Informationssystems zweckfremde und außerordentliche Einflüsse unberücksichtigt zu lassen. Die folgenden Betrachtungen gehen daher zur Kennzeichnung des wertmäßigen Einsatzes und Einsatzergebnisses vom Begriffspaar ‚Kosten' und ‚Leistung' und nicht vom Begriffspaar ‚Aufwand' und ‚Ertrag' aus.

Bei der Gestaltung eines modernen betrieblichen Informationssystems gilt es insbesondere, die folgenden grundlegenden Entscheidungen mit Hilfe einer Wirtschaftlichkeitsanalyse vorzubereiten:

1. Soll ein Computer im Informationssystem eingesetzt werden?
2. Wenn ja,
   a) welche Anlage soll gewählt werden?
   b) welche Teilbereiche des Informationssystems sollen (bis zu welchem Grade) automatisiert werden?

Eine positive Grundsatzentscheidung über den Computereinsatz hat den Charakter einer einmaligen Entscheidung, die in der Praxis nach erfolgter Realisation kaum noch rückgängig gemacht werden kann. Demgegenüber sind die Auswahl des einzusetzenden Computers und die Entscheidung über die Gestaltung einzelner Teilbereiche des Informationssystems (z. B. Automatisierungsgrad) Entscheidungen, die in mehr oder weniger großen Zeiträumen immer wieder zu fällen sind, um das computer-orientierte Informationssystem an die technische und die betriebliche Entwicklung anzupassen.

2.2 Einflußfaktoren

In diesem Kapitel sollen die Faktoren, die auf der Kosten- und der Nutzenseite in die Wirtschaftlichkeitsanalyse eines computer-orientierten Informationssystems eingehen, in einer kurzen Übersicht dargestellt werden. Eine ausführliche Diskussion dieser Faktoren und ihrer Auswirkungen erfolgt im Kapitel über die Entscheidung bezüglich des Computer-Einsatzes (3.3.1).

2.2.1 Einflußfaktoren der Kostenseite

Die Einflußfaktoren der Kostenseite lassen sich fast generell einfacher und mit weniger Unsicherheit erfassen als die der Nutzenseite. Zur Analyse der Kostenseite bietet sich folgendes Gliederungsschema an [15, S. 180f.]:

A) Einmalige Kosten
   I. Maschinenkosten
      1. Zentraleinheit
      2. Peripheriegeräte
      3. Installationskosten
      4. Umstellungskosten
   II. Personalkosten
      1. Personalausbildung
      2. Gehälter für Einsatzvorbereitung
   III. Raumkosten
   IV. Materialkosten

B) Laufende Kosten
  I. Maschinenkosten
    1. Miete
  oder: 2. Abschreibungen und Wartungskosten
  II. Personalkosten
    1. laufende Ausbildung
    2. laufende Gehälter
  III. Raum- und Energiekosten
    1. Raummiete
    2. Energiekosten
  IV. Materialkosten

C) Sonstige Kosteneinflußfaktoren
    1. Umstellungsrisiken
    2. geringere Flexibilität
    3. Informationsüberfluß

2.2.2 Einflußfaktoren der Nutzenseite

Den Kosten eines computer-orientierten Informationssystems stehen auf der Nutzenseite Kosteneinsparungen gegenüber. Bedeutender sind jedoch auf der Nutzenseite Leistungssteigerungen, die sich infolge verbesserter Informationen durch das neue Informationssystem in den einzelnen betrieblichen Funktionsbereichen bzw. im Gesamtunternehmen ergeben. Ihre Quantifizierung und wirtschaftliche Bewertung ist allerdings teilweise problematisch. Die wichtigsten Einflußfaktoren der Nutzenseite sind:

A) Kosteneinsparungen durch Automatisierung der Massendatenverarbeitung
  I. einmalige Einsparungen (z. B. durch Gerätefreisetzung)
  II. laufende Einsparungen
    1. Maschineneinsparungen
    2. Personaleinsparungen
    3. Raumeinsparungen
    4. Materialeinsparungen

B) Kosteneinsparungen und zusätzlicher Nutzen durch Teilautomatisierung von Dispositionsarbeiten, z. B. im:
    1. Rechnungswesen
       (z. B. Skontoausnutzung, regelmäßige Mahnungen)
    2. Finanzwesen
       (z. B. Unterlagen für Finanzdisposition)
    3. Materialwesen
       (z. B. Lagerbestandssenkung durch optimale Bestellpolitiken)
    4. Fertigung
       (z. B. Kapazitätsplanung, Terminplanung)

5. Vertrieb
   (z. B. Kundendienst)

C) Nutzen durch Planungs- und Entscheidungshilfe
   (z. B. Budgetierung, Prognoserechnungen, Simulationen, Sensibilitätsanalysen, Mensch-Maschine-Kommunikation, Entlastung des Managements von Routine-Entscheidungen)

Auch für Informationssysteme im Bereich der staatlichen Verwaltung kann die grundlegende Dreigliederung der Nutzenseite beibehalten werden, wobei sich allerdings eine andere Unterteilung in Funktionsbereiche ergibt.

2.3 Bewertung

2.3.1 Quantifizierbarkeit

Die Schwierigkeiten einer Wirtschaftlichkeitsanalyse für ein computer-orientiertes Informationssystem liegen weniger im Aufdecken der verschiedenen Einflußfaktoren der Kosten- und Nutzenseite, als vielmehr in ihrer ökonomischen Quantifizierung, d. h. in der Erfassung ihres Mengengerüstes, ihrer Bewertung, Gewichtung und verursachungsgerechten Zuordnung. Diese Schwierigkeiten sind bei der Analyse der Kostenfaktoren und bei der Analyse des Nutzens von teilweise unterschiedlicher Natur.

Die Kosten eines computer-orientierten Informationssystems und die damit verbundenen Kostenersparnisse im herkömmlichen System lassen sich meist unmittelbar oder mittelbar quantifizieren. Da für die meisten dieser Faktoren Marktpreise existieren, liegen die eigentlichen Schwierigkeiten in der Ermittlung des hinter den Kosten stehenden Mengengerüstes und gegebenenfalls in der verursachungsgerechten Zurechnung der Kosten bzw. Kostenersparnisse zu einzelnen Maßnahmen im Informationssystem.

Insgesamt schwieriger ist die Beurteilung des Nutzens, der sich aus verbesserten Informationen, also aus den zusätzlichen Leistungen des computer-orientierten Informationssystems, ergibt. Hier stellt sich die grundlegende Frage, welcher Wert einer Information beizumessen ist: Die zur Diskussion stehenden Informationen sind innerbetriebliche Leistungen. Im Produktionsbereich werden innerbetriebliche Leistungen mit ihren Herstellkosten bewertet und gegebenenfalls in der Bilanz aktiviert. Ein derartiger Ansatz ist jedoch für eine Wirtschaftlichkeitsanalyse nicht brauchbar; diese erfordert im allgemeinen Marktpreise. Da es Marktpreise für Informationen in der Regel nicht gibt, ist man gezwungen zu versuchen, den Wert einer Information durch die von ihr bewirkten ökonomischen Folgen zu bestimmen. Das Problem der Informationsbewertung wird damit zu einem Problem der Quantifizierung und Bewertung der von der Information verursachten ökonomischen Folgen.

Mit dieser Verlagerung ergeben sich jedoch zugleich neue Probleme:

a) Informationen können nur dann ökonomische Folgen hervorrufen, wenn sie tatsächlich zur Entscheidung herangezogen werden. Solange dies nicht gewährleistet ist, kann der Wert einer Information nur ein potentieller Wert sein.

b) Da das wirtschaftliche Geschehen eines Unternehmens einen integrierten Prozeß darstellt, ist es oft nicht möglich, die ökonomischen Folgen einzelner betrieblicher Maßnahmen abzugrenzen. So kann z. B. eine Steigerung des Auftragseingangs in einer Unternehmung unabhängig von einer eventuellen konjunkturellen Belebung:
   1. auf einer verbesserten allgemeinen Werbung
   2. auf einer verbesserten persönlichen Leistung der Firmenvertreter oder
   3. auf einem gezielten Einsatz der Firmenvertreter infolge verbesserter Informationen

   beruhen. Dabei ist es kaum möglich anzugeben, welchen quantitativen Anteil die einzelnen Faktoren – darunter auch das verbesserte Informationswesen – an der Steigerung des Auftragseingangs haben. Besonders problematisch wird die Zurechnung von ökonomischen Folgen zu Informationen, die Grundlage von Entscheidungen der Unternehmensleitung sind. Diese Informationen stammen aus einer Vielzahl von inner- und insbesondere außerbetrieblichen Bereichen. Man muß sich in diesen Fällen mit Angaben in physikalischen Dimensionen (z. B. ‚die Informationen stehen eine Woche früher zur Verfügung') oder mit qualitativen Angaben über den Nutzen eines verbesserten Informationssystems begnügen.

Bezüglich der Quantifizierbarkeit der Kosten- und Nutzenfaktoren können somit folgende Fälle unterschieden werden:

1. eine DM-Quantifizierung ist:
   a) unmittelbar[3]
   b) nur mittelbar über eine vorausgehende Quantifizierung in physikalischen Dimensionen möglich

2. es ist nur eine Quantifizierung in physikalischen Dimensionen möglich (meist Zeitdimension)

3. eine Quantifizierung ist nicht möglich; man muß sich mit einer qualitativen Bewertung begnügen.

[3] Im Falle 1.a) wird unterstellt, daß der Prozeß der physikalischen Quantifizierung vernachlässigbar ist; z. B. wenn das Mengengerüst bereits explizit in der Systemkonzeption vorgegeben ist.

2.3.2 Bewertungsverfahren

Zur Ermittlung und Bewertung der verschiedenen Kosten- und Nutzengrößen bieten sich mehrere Methoden an. Welche Methode im Einzelfall angewandt wird, hängt ab

a) vom jeweiligen zu quantifizierenden Einflußfaktor
b) vom Zweck der Analyse:
   1. Grob- oder Feinanalyse
   2. planende oder kontrollierende Analyse.

Die verschiedenen Bewertungsverfahren kann man wie folgt gliedern:

1. exakte Ermittlung
2. Schätzung
3. Simulation
4. innerbetrieblicher Informationsmarkt
5. Informationstheorie

2.3.2.1 Exakte Ermittlung

Bei der Wirtschaftlichkeitsanalyse wird man immer bestrebt sein, ausgehend von der Systemanalyse und der Systemkonzeption möglichst eindeutige Kosten- und Nutzenwerte für die einzelnen Einflußfaktoren zu erhalten – Werte also mit einer möglichst geringen Streuung.

Eine exakte Ermittlung der Kosten- bzw. Nutzenwerte mit vertretbarem Aufwand ist im allgemeinen immer dann möglich, wenn externe Stellen dem Betrieb Leistungen zu einem festen Preis anbieten bzw. Leistungen des Betriebes zu einem festen Preis abnehmen. Mit dieser Basis können weitgehend die einmaligen und laufenden Maschinenkosten bzw. -einsparungen sowie die einmaligen Raumkosten ermittelt werden. Als Hilfsmittel dienen dabei insbesondere eingeholte Angebote von den Computer-Herstellerfirmen, Preislisten für Einzelgeräte, Mobiliar etc. sowie Kostenvoranschläge – z. B. für erforderliche bauliche Veränderungen, für zu vergebende Programmentwicklungsaufträge oder für ‚Datenverarbeitung außer Haus'.

In Betrieben mit großer Erfahrung auf dem Gebiet computer-orientierter Informationssysteme können anstelle externer Preisangebote auch innerbetriebliche Erfahrungswerte zur Ermittlung verhältnismäßig exakter Kosten- und Nutzenwerte herangezogen werden. Damit nähert sich jedoch die exakte Ermittlung dem Schätzverfahren. Die Grenze zwischen beiden Verfahren ist fließend.

2.3.2.2 Schätzungen

Bei der Wirtschaftlichkeitsanalyse von Informationssystemen muß ein wesentlicher Teil der Kosten- und insbesondere der Nutzenwerte geschätzt werden, da entweder eine exakte Ermittlung zu aufwendig ist oder die methodischen Grundlagen dafür fehlen. Dies gilt speziell für eine vorausschauende, in geringerem

Umfang aber auch für eine zurückblickende Analyse. Grundlage des Schätzens ist eine fundierte Kenntnis der zu beurteilenden Situation durch den Schätzenden.

Geschätzte Werte sind aus ihrem Wesen heraus mit Unsicherheit behaftet. Es ist daher oft sinnvoll, nicht nur den wahrscheinlichsten Wert, sondern auch die voraussichtlich günstigsten und ungünstigsten Werte zu schätzen (vgl. auch Kap. 4.2).

Eine Steigerung der Genauigkeit läßt sich häufig durch schrittweises Schätzen erreichen. Man schätzt in diesem Fall nicht die Kosten oder den Nutzen eines Einflußfaktors unmittelbar, sondern man versucht, die Beurteilung in gut überschaubare Einzelabschätzungen zu zerlegen und daraus den gesuchten Wert zu bilden. Dazu soll als Beispiel die Schätzung des Nutzens angedeutet werden, der sich aus einem automatisierten Mahnverfahren eines computer-orientierten Informationssystems ergibt:

1. Schätzung: Durchschnittliche Zahl der Mahnungen je Monat?
2. Schätzung: Mit vieviel Tagen Verzögerung wird zur Zeit im Durchschnitt gemahnt?
3. Schätzung: Wie groß ist im Durchschnitt die ausstehende zu mahnende Rechnungssumme?
4. Schätzung: Wieviel der Gemahnten werden aufgrund der früheren Mahnung auch früher zahlen?

Aus diesen vier Schätzungen ergibt sich die Summe des früheren Zahlungseinganges infolge früherer Mahnungen, die gleichzusetzen ist mit einer entsprechenden Kapitalersparnis.

5. Schätzung: Kapitalzinsfuß

Aus Kapitalersparnis und Kapitalzinsfuß kann die ersparte Kapitalverzinsung ermittelt werden, die den Nutzen des Verfahrens widerspiegelt.

2.3.2.3 Simulation

Bei der Ermittlung des Nutzens, der sich aus der Teilautomatisierung von Dispositionsarbeiten ergibt, hat sich die Technik der Simulation besonders bewährt: „Simulation eines Systems ist die Arbeit mit einem Modell, welches das wirkliche System abbildet. Das Modell kann in einer Weise manipuliert werden, die bei dem wirklichen System unmöglich, zu gefährlich oder zu teuer wäre. Das Verhalten des Simulationsmodells kann studiert und daraus können Schlüsse auf das Verhalten des wirklichen Systems gezogen werden“ [31, S. 7].

Läßt man z. B. ein Lagerhaltungsmodell oder ein anderes Dispositionsmodell im Informationssystem mit Vergangenheitswerten arbeiten und vergleicht die vom Modell empfohlenen mit den tatsächlichen gefällten Entscheidungen, so können in etwa die Einsparungen angegeben werden, die aufgrund des Modells möglich gewesen wären[4].

[4] Beispiele hierzu sind auf S. 55f. angeführt.

Simulationsmodelle werden heute auch schon eingesetzt, um die Leistungsfähigkeit und Auslastung von Computersystemen für einen vorgegebenen Aufgabenkomplex zu analysieren und zu planen. Derartigen Modellen liegen u. a. Annahmen über die relativen Häufigkeiten von unterschiedlichen Instruktionsarten, wie arithmetische Instruktionen, bedingte Verzweigung oder Index-Instruktionen, zugrunde[5].

SCERT (vgl. etwa [59]), eine Bewertungsmethode auf Simulationsbasis, verfügt über eine umfassende ‚Datenbank', eine sog. Faktorenbibliothek, in der die Leistungs-Kennzahlen für die hardware und Teile der software marktgängiger Computer abgespeichert sind. Ein Simulationsprogramm kann daraus den Zeitaufwand für einen mittels Makro-Instruktionen definierten Aufgabenkomplex bei einem vorgegebenen Computer bestimmen. Da die Monatsmiete für den Computer bekannt ist, lassen sich damit die anteilmäßigen Kosten für das gestellte ADV-Projekt abgrenzen.

2.3.2.4 Innerbetrieblicher Informationsmarkt

Die Leistungsquantifizierung erfolgt im Materialsektor des Betriebes überwiegend durch außerbetriebliche Vorgänge auf dem Halb- und Fertigfabrikatemarkt. Im Bereich der Informationswirtschaft gibt es jedoch in der Regel keinen Marktpreis für Informationen, da diese in erster Linie innerbetriebliche Leistungen darstellen. Auch mit den Bewertungsverfahren der vorangehenden Kapitel kann dieses Problem nur teilweise gelöst werden.

Schwarze schlägt daher als Ausweg einen innerbetrieblichen Informationsmarkt vor [82, S. 498]. Voraussetzungen für seine Funktionsfähigkeit und Effizienz sind eine Unternehmensorganisation nach dem Prinzip der ‚pretialen Lenkung' und speziell die organisatorische Eingliederung der ADV-Abteilung als innerbetriebliche Dienstleistungsstelle in die Gesamtorganisation. Das Gut ‚Information', etwa in Gestalt von neuen Statistiken, wird auf dem innerbetrieblichen Markt angeboten. Der Informationswert bildet sich im Wettbewerb der Abteilungen um die begrenzte Rechenzeit des Computersystems als subjektiver Angebotspreis der Abteilungen heraus. Bewertungsmaßstäbe der Abteilungsleiter für dieses innerbetrieblich gehandelte Gut ‚Informationen' können durchaus externe Erfolgsmaßstäbe, wie Kundendienst und Marktanteil, sein.

Der Vorwurf, durch diese Vorgehensweise werde die schwierige Bewertungsaufgabe nur von den am ehesten kompetenten Informatikern der Datenverarbeitungs- und Organisationsabteilung auf die vom Erfahrungsschatz her weniger befähigten Anwenderabteilungen verlagert, ist nicht ganz von der Hand zu weisen. Andererseits kann der ‚Informationswert' durchaus pragmatisch und damit als subjektiver Wert verstanden werden. Dieser subjektive Nutzenzuwachs in den ADV-Anwenderabteilungen sollte von diesen auch abgeschätzt werden, um ein

[5] Eine Häufigkeitsverteilung für kaufmännische und für technisch-wissenschaftliche Berechnungen findet sich bei: B. J. Schwab [42, S. 26].

Limit zu setzen, bis zu der die Abteilung bereit ist, Kosten für die Erstellung der jeweiligen Information zu übernehmen. Suboptimierungen und Unterversorgung weniger gewinnbringender Abteilungen mit Computerdiensten können die Folge sein. Koordinationen durch die Führungsebene werden deshalb erforderlich.

2.3.2.5 Informationstheorie

Auf S. 19 wurden die drei Ebenen der Analyse von Informationen, d. h. die Syntaktik, Semantik und Pragmatik, erläutert. Eine ausgereifte quantitative Informationstheorie besteht heute erst für die syntaktische Ebene. Jedoch finden sich Versuche einer semantischen und pragmatischen Erweiterung [56, S. 40f.].

2.3.2.5.1 Grundformel der syntaktischen Informationstheorie

Die syntaktische Informationstheorie[6] interessiert sich für die statistischen Gesetzmäßigkeiten der Informationserzeugung durch eine Quelle und der danach folgenden Übertragung über einen Kanal. Die Informationsquelle verfüge über einen Vorrat von n Informationen (Nachrichten) N_i, aus dem durch einen Auswahlvorgang jeweils eine Information ausgewählt und über den Kanal gesendet wird. Die Wahrscheinlichkeit für das Auswählen der Information N_i sei p_i. Dann läßt sich – für die syntaktische Analyse genügend – die Informationsquelle als endliches Schema folgender Form darstellen:

$$N = \begin{bmatrix} N_1 & \ldots\ldots & N_i & \ldots\ldots & N_n \\ p_1 & \ldots\ldots & p_i & \ldots\ldots & p_n \end{bmatrix}$$

mit den Wahrscheinlichkeiten:

$$P\{N_i\} = p_i > 0 \quad \text{für} \quad i = 1 \ldots n \quad \text{und} \quad \sum_{i=1}^{n} p_i = 1$$

Dieses endliche Schema – auch als Wahrscheinlichkeitsfeld anzusprechen – beschreibt den Zustand der Unbestimmtheit der Quellenaktivität. Die Quelle wird zwar mit Sicherheit eine der n Informationen auswählen, für die n möglichen Ereignisse sind jedoch nur ihre Wahrscheinlichkeiten p_i bekannt.

Gesucht wird nun eine Kenngröße, die den Grad der Ungewißheit eines neutralen Beobachters bezüglich des Auswahlaktes der Informationsquelle angibt. Als Kenngröße wird in der syntaktischen Informationstheorie der Ausdruck:

$$H = -\sum_{i=1}^{n} p_i \cdot \log p_i$$

gewählt. Wird die Logarithmusbasis 2 gewählt, so führt dies zum Ausdruck:

$$H = -\sum_{i=1}^{n} p_i \cdot \mathrm{ld}\, p_i \qquad [\text{bit}]$$

mit der Einheit bit (binary digit).

[6] Ausführliche Darstellungen der Informationstheorie: Cl. Shannon und W. Weaver [44]; J. Peters [34].

Die Größe H ist ein Unbestimmtheitsmaß für die Informationsquelle N und nimmt ihren maximalen Wert $H_{max} = \text{ld } n$ für gleichwahrscheinliche Informationen N_i an.

Da der Wert einer Information um so größer anzunehmen ist, je größere Unbestimmtheit durch sie beseitigt wird, liegt es nahe, die Größe H als ‚Informationswert' zu deuten. Da jedoch in die Formel für H außer der Wahrscheinlichkeit einer Information weder deren Bedeutung noch die empfängerabhängige Zwecksetzung eingeht, ist H nicht zur Bewertung betrieblicher Informationen geeignet.

2.3.2.5.2 Pragmatische Ansätze

Verschiedene quantitative Ansätze der Entscheidungstheorie versuchen den genannten Nachteil – Nachteile aus der Sicht der Entscheidungstheorie – der syntaktischen Informationstheorie zu vermeiden. Sie sind jedoch durchweg ebensowenig praktikabel, da quantitative Zusammenhänge angenommen werden, die in der Praxis (noch) nicht datenmäßig erfaßt werden können.

Ein Modell für den Informationswert von Gregory/van Horn lautet beispielsweise (Hinweis in [8]):

$$V = K \left[\frac{1}{F} \cdot \sum_{i=1}^{F} f(A, T, Y, i) - g(P, Y)\right] - h(A, F, T)$$

wobei:

V = Wert (Nettonutzen) pro Periode – bewirkt durch den Einsatz der untersuchten Information
K = Nutzen – bewirkt durch das Fällen einer korrekten Entscheidung
A = Genauigkeit der Information
T = Zeitverzug zur Informationsbesorgung
Y = Zahl der Entscheidungen je Periode
P = Wahrscheinlichkeit, daß eine korrekte Entscheidung ohne die analysierte Information gefunden wird
F = Zahl der Perioden, in der die Information zur Anwendung gelangt
h = Kosten pro Periode
f = Zahl korrekter Entscheidungen, wenn die Information verfügbar
g = Zahl der zu erwartenden korrekten Entscheidungen, wenn die Information nicht verfügbar

für h, f und g werden explizit Funktionen angenommen, so z. B.:
$g(P, Y) = P \cdot Y$

Für theoretische Modellanalysen können derartige Ansätze[7] geeignet sein, für eine konkrete Ermittlung von Informationswerten sind sie jedoch (noch) nicht anwendbar.

[7] Eine Entscheidungsregel für die Investition zum Erwerb von Informationen findet sich bei: J. Owen [77]. Umfangreiche theoretische Modellansätze und -analysen entwickelte Marschak [29; 74].

2.3.3 Übersicht über die Anwendung der Bewertungsverfahren

In Tabelle Abb. 10 sind zur Groborientierung mögliche Zuordnungen zwischen:

a) Kosten- und Nutzeneinflußfaktoren (vgl. Kap. 2.2.1)
b) Quantifizierungsgrad (vgl. Kap. 2.3.1)
c) Bewertungsmethoden (vgl. Kap. 2.3.2)

dargestellt worden.

	Quantifizierungsgrad				
	DM-Quantifizierung			physik. Quantifiz.	qualit. Bewertung
Kosten	unmittelbar	mittelbar ≠ DM (1. Stufe)	DM (2. Stufe)		
A) *einmalige Kosten*					
I Maschinenkosten	I1.2				
II Personalkosten	I1.3	I3.4,II1	I3		
III Raumkosten	I1.2	I3.4	I1		
IV Materialkosten	I1.3.4	I3.4,II1	I1		
B) *laufende Kosten*					
I Maschinenkosten	I1.2.5				
II Personalkosten	I1.3	I3.4,II1	I3		
III Raumkosten	I3				
IV Materialkosten	I1.3	I3.4,II1	I1		
C) *sonstige Kosteneinflußfaktoren*	II1			II1	II2
Nutzen					
A) *Automatisierung d. Massendatenver.*					
I einmalig	I1.2				
II laufend bei:					
1. Maschinen	I1.4				
2. Personal	I1.3	I4.5	I3	II1	II2
3. Raum	I3	I2.4	I3		
4. Material	I3	I4	I3		
B) *Teilautomat. der Dispositionsarbeiten*					
1. Rechnungswesen		I4,II1	I3,II1	I3	II2,IV
2. Finanzwesen		III,II1	I3,II1	I3	II2,IV
3. Materialwesen		I4,III,II1	I3,III	III,II1	II2
4. Fertigung		I4,III,II1	I3,III	II1	II2,IV
5. Vertrieb		III,II1	I3,III	II1,I3	II2
C) *Planungs- und Entscheidungshilfe*		II1	I3	I3,4,II1,2	II2,IV
D) *Sonstige Nutzeneinflußfaktoren*					II2,III

Abb. 10 Groborientierung für die Zuordnung von Kosten-/Nutzeneinflußfaktoren, Quantifizierungsgrad und Bewertungsmethoden (I–V)

Für die Bewertungsmethoden wird dabei folgende Untergliederung verwendet:

I. direkte Ermittlung aufgrund von:
   1. Preislisten
   2. Angeboten und Kostenvoranschlägen
   3. innerbetrieblichen Erfahrungs- und Verrechnungswerten
   4. zwischenbetrieblichen Vergleichswerten
   5. fiktiven Alternativverfahren (z. B. ‚DV außer Haus')

II. Schätzungen
   1. kardinale, d. h. wert- und mengenmäßige Erfolgsschätzung
   2. ordinale, d. h. Aussagen, ob der Nutzen größer (>) als die errechenbaren Kosten ist.

III. Simulation

IV. innerbetrieblicher Informationsmarkt

V. Informationstheorie

2.3.4 Nutzwertanalyse[8]

Projekte im Informationswesen ausschließlich aufgrund der in DM quantifizierten Kosten- und Nutzengrößen zu beurteilen, wird im allgemeinen unzureichend sein. In die Beurteilung müssen vielmehr auch Einflußgrößen einbezogen werden, die nur einer Quantifizierung in einer physikalischen Dimension oder nur einer qualitativen Bewertung zugänglich sind. Die Kopplung der verschiedenartig dimensionierten Kriterien kann mit Hilfe der Nutzwertanalyse erfolgen:

Zunächst werden die Ergebnisse der Projektalternativen bezüglich jedes Kriteriums einzeln ermittelt. Danach werden diese Ergebnisse für jedes Kriterium mit Punkten bewertet. Diese Punkte können als ‚Nutzwerte' bezüglich des jeweiligen Kriteriums verstanden werden.

Da jedoch nicht alle Kriterien im gleichen Maße zur Vorteilhaftigkeit des Projekts beitragen, müssen die Nutzwerte, die sich für die einzelnen Kriterien ergeben, gewichtet werden. Eine daran anschließende Zusammenfassung ist durch Summation, Logikansätze oder sonstige Entscheidungsregeln möglich. Das Problem dieses Verfahrens, das weitgehend der empirischen Vorgehensweise bei der praktischen Entscheidungsfindung entspricht, liegt in der Gewichtung der einzelnen Kriterien. Sie beruht auf den subjektiven Wertvorstellungen des Entscheidungsträgers.

In den Kap. 3.3 und 4.3 wird die Anwendung der Nutzwertanalyse an praktischen Beispielen gezeigt.

[8] vgl. zu diesem Kapitel: Ch. Zangemeister [50, S. 43–46].

2.4 Wirtschaftlichkeitsrechnung

2.4.1 Vorbetrachtungen

Im Kap. 2.1 sind die allgemeinen theoretischen Grundlagen für die Wirtschaftlichkeitsanalyse von Informationssystemen dargestellt worden. Für die konkrete Berechnung der wirtschaftlichen Erfolgszahlen sind in Theorie und Praxis mehrere Verfahren entwickelt worden. Die wichtigsten dieser Verfahren sollen im weiteren unter Berücksichtigung der speziellen Probleme des Informationswesens kurz erläutert werden. Zuvor soll jedoch noch auf einige allgemeine Gesichtspunkte hingewiesen werden.

a) Welches Verfahren im konkreten Fall angewandt wird, ist abhängig einerseits vom Projekt, das zu beurteilen ist (z. B. Detailmaßnahme oder strukturelle Veränderung, Nutzen quantifizierbar oder nicht quantifizierbar etc.), andererseits von den Entscheidungsgewohnheiten der Manager. Da die Investition im Informationsbereich mit sonstigen Investitionen konkurriert, muß ihre Wirtschaftlichkeitsrechnung nach den gleichen Gesichtspunkten erfolgen [21, S. 67].

b) Da die absolute Wirtschaftlichkeit eines Informationssystems als solches in der Regel nicht ermittelt werden kann (vgl. Kap. 2.1.3), ist eine Wirtschaftlichkeitsrechnung auch nur mit dem Ziel sinnvoll, im Rahmen geplanter oder durchgeführter Systemänderungen die verschiedenen Systemalternativen miteinander zu vergleichen und unter diesen die wirtschaftlichste zu bestimmen. Daher ist es ausreichend, in die Wirtschaftlichkeitsrechnung nicht die vollen Kosten- und Nutzenbeträge eingehen zu lassen, sondern nur die zwischen den einzelnen Alternativen herrschenden Kosten- und Nutzendifferenzen. Die errechnete wirtschaftliche Erfolgsgröße bezieht sich dementsprechend auch nur auf die Zusatzinvestition.

c) In dem Zusammenhang stellt sich zwangsläufig auch die Frage, welche Systemkonzeption der Betrachtung als Bezugsbasis zugrunde gelegt werden soll. In der Regel wählt man den Ist-Zustand vor der geplanten oder durchgeführten Systemänderung. Soll in der Wirtschaftlichkeitsanalyse eines Informationssystems jedoch speziell die Zweckmäßigkeit der ADV untersucht werden – z. B. um über den Einsatz eines Computers zu entscheiden – so ist der Ist-Zustand als Bezugsbasis problematisch, denn ein Teil der Verbesserungen im Zuge der Umstellung auf die ADV sind nicht auf den Computer-Einsatz, sondern auf die bei seiner Einführung durchgeführten allgemeinen organisatorischen Verbesserungen zurückzuführen[9]. Hierbei könnte eine zweifache Soll-Ist-Rechnung angebracht sein: In der einen Wirtschaftlichkeitsrech-

[9] vgl. das Beispiel auf S. 58 und [33, S. 120].

nung wird der bestehende, unvollkommene Ist-Zustand der Soll-Version mit Computern gegenübergestellt. Eine zweite Rechnung vergleicht den Ist-Zustand mit einem Soll-Zustand ohne Computer. In beiden Fällen werden der Soll-Version die Kosten für die Untersuchung auferlegt. Ein Vergleich dieser Alternativ-Rechnungen liefert die Begründung zur Entscheidung für oder gegen ein computer-orientiertes Informationssystems.

d) Die Verfahren der Wirtschaftlichkeitsrechnung gehen im allgemeinen von der Prämisse vollkommener Voraussicht aus: das wirtschaftliche Risiko wird nicht explizit berücksichtigt[10].

2.4.2 Statische Wirtschaftlichkeitsrechnung

Die Methoden der statischen Wirtschaftlichkeitsrechnung knüpfen unmittelbar an die auf S. 29 dargestellten Grundgleichungen an.

a) Kosten-Vergleichsrechnung
Die Kosten-Vergleichsrechnung geht von der Annahme aus, daß der Nutzen des analysierten Projektes verfahrensinvariant ist, so daß die Wirtschaftlichkeit der einzelnen Projektalternativen ausschließlich durch die Kosten bestimmt ist. Die Kosten-Vergleichsrechnung stellt daher die jährlichen Kosten (laufende Kosten plus umgelegte einmalige Kosten) der einzelnen Alternativen gegenüber. Die Alternative mit den niedrigsten Kosten wird als günstigste gewertet.

b) Kosten-Nutzen-Vergleichsrechnung
Bei der Kosten-Nutzen-Vergleichsrechnung wird die Nutzenseite der Projektalternativen nicht mehr als verfahrensinvariant betrachtet. Sie stellt insoweit eine Verfeinerung der reinen Kosten-Vergleichsrechnung dar. Bei diesem Verfahren können sich, je nachdem, ob der Vergleich auf der Basis der Differenz (= Nettonutzen) oder des Quotienten (= Wirtschaftlichkeit) aus Nutzen und Kosten durchgeführt wird, unterschiedliche Präferenzen für die einzelnen Projekte ergeben.

Beispiel:

Projekt	Kosten	Nutzen	Nettonutzen	Wirtschaftlichkeit
A	70 000,–	130 000,–	60 000,– ←	1,86
B	50 000,–	100 000,–	50 000,–	2,00 ←

c) Rentabilitätsrechnung
Die Rentabilität (oder Return on Investment) von Investitionsmaßnahmen im Informationswesen läßt sich nach der folgenden Gleichung ermitteln:

$$\text{Rentabilität} = \frac{\text{laufender Nutzen} - \text{laufende Kosten}}{\text{einmalige Kosten} - \text{einmaliger Nutzen}} \cdot 100\%$$

[10] Zum Risikoproblem vgl. Kap. 4.2.

Die Rentabilität gibt vereinfacht die Verzinsung des investierten Kapitals wieder. Das Projekt mit der höheren Rentabilität ist vorzuziehen.

d) Amortisationsrechnung
Die Amortisationsrechnung (oder pay back-, pay off-Methode) sucht den Zeitraum zu ermitteln, in dem der laufende Nettonutzen die Mehrkosten zu Beginn der Investition ausgleicht. Die Amortisationsdauer stellt den Kehrwert der Rentabilität dar. Von alternativen Projekten ist das mit der kürzesten Amortisationsdauer als das günstigste anzusehen.

Den statischen Verfahren ist gemeinsam, daß sie mögliche Veränderungen der Kosten und des Nutzens im Zeitablauf nicht berücksichtigen. Die statischen Wirtschaftlichkeitsrechnungen sind deshalb von der Theorie her nur als grobe Näherungsverfahren anzusehen. Ihre Anwendung ist in der Praxis jedoch überall dort zweckmäßig, wo der Aufwand für eine genauere Rechnung nicht sinnvoll ist, sei es, daß die zur Diskussion stehende Entscheidung von geringer Bedeutung ist, sei es, daß die Unsicherheit bei den zu ermittelnden Werten schwerer wiegt als der Mangel der Wirtschaftlichkeitsrechnung. Der zweite Fall ergibt sich beispielsweise dann, wenn der Nutzen eines Projektes nicht oder nur in geringem Umfang in DM quantifizierbar ist. Dies kann unter Umständen dazu führen, daß Entscheidungen über Elemente eines Informationssystems auf der Grundlage einer relativ primitiven Wirtschaftlichkeitsrechnung, nämlich der Kostenvergleichsrechnung, fallen.

2.4.3 Dynamische Wirtschaftlichkeitsrechnung

Die Verfahren der dynamischen Wirtschaftlichkeitsrechnung berücksichtigen mögliche Veränderungen der Kosten und des Nutzens im Zeitablauf durch Periodisierung. Zugleich gehen sie von der Annahme aus, daß Kosten- oder Nutzenwerten der Gegenwart ein größeres Gewicht für die Wirtschaftlichkeit beizumessen ist als zukünftigen Kosten- oder Nutzenwerten. Sie diskontieren daher zukünftige Werte mit einem Kalkulationszinsfuß auf die Gegenwart.

a) Kapitalwert- oder Barwertmethode[11]
Der Barwert eines Projektes wird bestimmt als die Differenz der auf den Kalkulationszeitpunkt mit dem Kalkulationszinsfuß diskontierten Nutzen- und Kostenwerten des Projektes:

$$\left.\begin{aligned} E_o &= \frac{e_1}{q} + \frac{e_2}{q^2} + \frac{e_3}{q^3} + \ldots + \frac{e_n}{q^n} \\ K_o &= k_1 + \frac{k_2}{q} + \frac{k_3}{q^2} + \ldots + \frac{k_n}{q^{n-1}} \end{aligned}\right\}$$

In dieser Darstellung wird unterstellt, daß die Kosten zu Beginn jeder Periode und der Nutzen am Ende anfallen.

$$C_o = E_o - K_o$$

[11] Die Darstellung der Kapitalwert-, Interne-Zinsfuß- und Annuitätenmethode lehnt sich an J. Löffelholz [28] sowie E. Schneider [40] an.

mit E_o = Barwert des Nutzens
e_i = Nutzen der Periode i
K_o = Barwert der Kosten
k_i = Kosten der Periode i
C_o = Barwert des Projektes
q = Zinsfaktor $= 1 + \frac{p}{100}$ (p = Kalkulationszinsfuß)
n = Planungszeitraum in Jahren

Der Barwert stellt von seinem Charakter her einen kumulierten Nettonutzen dar. Ist er positiv, ist also der Barwert des Nutzens größer als der der Kosten, so ist das Projekt vorteilhaft. Von zwei Alternativen mit gleich hohem Kapitaleinsatz und gleicher Nutzungsdauer ist die mit dem größeren Barwert die wirtschaftlichere.

b) Interne Zinsfußmethode
Der Interne Zinsfuß eines Projektes ist derjenige Kalkulationszinsfuß, bei dem der auf den Kalkulationszeitpunkt bezogene Barwert des Projektes gleich Null ist, d. h. bei dem Barwert der Kostenwerte und Barwert der Nutzenwerte gleich sind. Der interne Zinsfuß stellt somit die Effektivverzinsung dar, die bei der Projektrealisation erhofft wird. Je höher daher der interne Zinsfuß ist, desto wirtschaftlicher ist das Projekt; dabei ist jedoch im allgemeinen zu fordern, daß der übliche Kalkulationszinsfuß zumindest erreicht wird (Anspruchsniveau). Rechnerisch wird der interne Zinsfuß durch Iteration aus der Beziehung $E_o = K_o$ ermittelt.

c) Annuitätenmethode
Die Annuitätenmethode bestimmt den durchschnittlichen jährlichen Nettonutzen eines Projektes; sie ist so gesehen wesensmäßig mit der Kosten-Nutzen-Vergleichsrechnung verwandt. Die zeitlich veränderlichen Kosten- und Nutzenreihen werden mittels Diskontierung in zwei Reihen mit jeweils konstanten Jahreswerten umgerechnet. Der Verfahrensvergleich kann-sich dann auf die Differenz dieser beiden Jahreswerte, also auf den durchschnittlichen Nettonutzen beziehen:

$$A_e = \left(\frac{e_1}{q} + \frac{e_2}{q^2} + \ldots + \frac{e_n}{q^n}\right) \cdot \frac{(q-1)q^n}{q^n - 1}$$

$$A_K = \left(k_1 + \frac{k_2}{q} + \ldots + \frac{k_n}{q^{n-1}}\right) \cdot \frac{(q-1)q^n}{q^n - 1}$$

mit A_e = durchschnittlicher Jahresnutzen
A_k = durchschnittliche Jahreskosten

Alternative Projekte mit unterschiedlichem Kapitaleinsatz oder unterschiedlichem Planungszeitraum können auf der Basis der dynamischen Wirtschaftlichkeitsrechnungen nicht unmittelbar miteinander verglichen werden. Sie müssen erst durch Differenz- oder Supplementinvestitionen aneinander angepaßt werden. Die Aussagefähigkeit dieser Verfahren für den Projektvergleich ist insofern eingeschränkt.

Bei der Barwert- und der Annuitätenmethode besteht weiterhin der Nachteil, daß der zur Diskontierung erforderliche Kalkulationszinsfuß, der sich aus dem Kapitalzinsfuß und einer Risikoprämie zusammensetzt, keine objektive Größe darstellt, sondern von den subjektiven Vorstellungen des Entscheidungsträgers abhängt. Dies führt jedoch nur dann zu Schwierigkeiten, wenn die Kosten- und Nutzenreihen der zu beurteilenden Projekte sich zeitlich sehr unterschiedlich entwickeln.

Nachteilig bei der Barwert- und der Annuitätenmethode ist, daß ihre Wirtschaftlichkeitskennzahl keine unmittelbare Aussage über die Angemessenheit des Erfolges enthalten.

Ein wesentlicher Nachteil der internen Zinsfußmethode ist darin zu sehen, daß das Ergebnis mehrdeutig sein kann, wenn der Nutzen zeitlich auf den Beginn des Projektes konzentriert ist. Dies ist jedoch bei computer-orientierten Informationssystemen nicht zu erwarten.

Die dynamischen Wirtschaftlichkeitsrechnungen können im Bereich des Informationswesens insbesondere bei Entscheidungen mit grundlegender Bedeutung angewandt werden, es sei denn, der Anwendung stehen schwerwiegende Hinderungsgründe, wie die mangelnde Quantifizierbarkeit des Nutzens, entgegen. Anwendungsfälle sind z. B. die Grundsatzentscheidung über den Aufbau eines computer-orientierten Informationssystems, die Auswahl des jeweiligen Computers und die Entscheidung über die Automatisierung einzelner Teilbereiche des Informationssystems.

2.4.4 Verfahren der mathematischen Planungsrechnung

Die dynamischen Wirtschaftlichkeitsrechungen sind – genauso wie die statischen Rechnungen – unbefriedigend, da sie die Interdependenzen zu anderen Investitionen und zur Finanzplanung vernachlässigen. Die moderne Investitionstheorie versucht diesen Mangel durch Modellansätze zur simultanen Investitions- und Finanzplanung auf der Grundlage des Linearen Programmierens zu beheben.

Ein wesentlicher Teil dieser Modelle ist jedoch auf die speziellen Probleme des Produktionsbereichs zugeschnitten (vgl. [2; 23; auch 33]) und nicht auf Analysen im Informationsbereich übertragbar. Darüber hinaus gehen diese Modelle von der Dominanz eines Beurteilungskriteriums als Zielvariable aus und sehen eine zusätzliche Berücksichtigung anderer Gesichtspunkte nur durch feststehende Mindest- oder Höchstwerte in den Nebenbedingungen vor (vgl. [33, S. 70f.]). Diese Annahme dürfte jedoch für Probleme des Informationswesens in der Regel realitätsfremd sein (vgl. Kap. 3.3 und 4.3).

Die folgenden Untersuchungen gehen daher von den traditionellen Verfahren der Wirtschaftlichkeitsrechnung aus. Bei der Auswahl der Projektalternativen wird dabei gezeigt, daß auch bei der Anwendung traditioneller Wirtschaftlichkeitsrechnungen mit Hilfe des Operations Research die Interdependenzen einzelner Projekte berücksichtigt werden können (vgl. Kap. 4.4).

3 Entscheidungen über den Computer-Einsatz

Die Entscheidung über einen Computer-Einsatz in der betrieblichen Informationsverarbeitung kann auf verschiedenen Ausgangsstadien der Mechanisierung oder Automatisierung dieses Aufgabenbereichs basieren. Das bestehende Verfahren kann sein:

a) manuelle Datenverarbeitung
b) konventionelle Lochkartentechnik
c) mittlere Datentechnik
d) automatisierte Datenverarbeitung

Im letzten Fall bedeutet die Entscheidung beispielsweise den Übergang von einem reinen Band-Computersystem zu einem Platten-Computersystem oder die Umstellung von Batch-Verarbeitung auf ein Real-Time-System.

In all diesen Fällen a), b), c), d) wird von dem neuen System eine wirtschaftlichere Arbeitsweise erwartet – und diese Erwartung sollte durch eine Wirtschaftlichkeitsanalyse als berechtigt nachgewiesen oder wenigstens untermauert werden.

Im vorausgehenden Kap. 2 wurden die Einflußgrößen, Bewertungs- und Berechnungsverfahren einer derartigen Wirtschaftlichkeitsanalyse angeführt. Im folgenden Abschnitt werden die genannten Einflußfaktoren bezüglich ihrer potentiellen Auswirkungen auf die Kosten- oder Nutzenseite der Wirtschaftlichkeitsrechnung untersucht.

Die Wirtschaftlichkeitsanalyse soll die Grundsatzentscheidung über den Einsatz eines Computers erleichtern. Diese Entscheidung erfordert aber auch die Auswahl eines bestimmten Anlagenmodells. In dem dritten Abschnitt dieses Kap. 3 wird deshalb anhand eines Beispiels die Möglichkeit einer analytischen Computer-Auswahl gezeigt. Sowohl die Grundsatzentscheidung als auch die Computer-Auswahl werden von einigen Sonderfaktoren, die im zweiten Abschnitt angesprochen werden, mit bestimmt.

3.1 Wirtschaftlichkeitsanalyse

Im folgenden soll von Kosten- und Nutzenpotentialen gesprochen werden, da die auf S. 30ff. aufgezählten Einflußfaktoren zwar auf ihre möglichen, wenngleich nicht in der Gesamtheit realisierten Auswirkungen hin analysiert werden.

3.1.1 Kostenpotential

3.1.1.1 Einmalige Kosten

Einmalige Kosten, differenziert nach Maschinen-, Personal-, Raum- und Materialkosten, treten unmittelbar im Zusammenhang mit der Einrichtung des neuen ADV-Systems auf, ohne sich in den folgenden Jahren zu wiederholen.

a) Einmalige Maschinenkosten:

Im Falle des Kaufs bewirken die Zentraleinheit eines Computers und die zugehörigen Peripheriegeräte – wie: LK-Leser und -Stanzer, Schnelldrucker, Protokollschreibmaschine und insbesondere die Externspeicher – ausgabenverursachende Kosten in Höhe von 0,5 bis 5 Mio. DM bei kommerziellen Unternehmen und 5 bis 20 Mio. DM bei Hochschulen, Forschungsinstituten und auch bei Luftfahrtgesellschaften. Über eine Aktivierung und kalkulatorische Abschreibungen werden diese Beträge auf die Nutzungsdauer von 5 bis 6 Jahren umgelegt und erscheinen dann als laufende kalkulatorische Kosten. Der rasche technische Fortschritt läßt nur diese relativ kurze wirtschaftliche Nutzungsdauer zu, auch wenn die technische Nutzungsdauer um einige Jahre höher liegt, was sich bei Computern an Hochschulen des öfteren bestätigt hat.

Konventionelle Lochkartenmaschinen, wie Locher, Lochprüfer, Lochschriftübersetzer und zum Teil auch Sortierer und Doppler, werden als Zusatzgeräte – soweit im bisherigen Verfahren vorhanden – übernommen oder käuflich erworben. Nicht voll abgeschriebene und zukünftig nicht verwertbare Lochkartengeräte, Buchungs- und Büromaschinen belasten den Posten ‚einmalige Maschinenkosten' mit ihrem verlorenen Restbuchwert.

Immer mehr werden neue ADV-Systeme auch mit Datenübertragungseinrichtungen versehen, die zum Teil gekauft – Terminals (Endgeräte) und Datensicherungsvorrichtungen – und zum Teil gemietet werden. Gemietete Einrichtungen, wie Modems und Datenübertragungsleitungen, sind in die laufenden Maschinenkosten aufzunehmen.

In den einmalig auftretenden Lieferkosten sind Versicherungs-, Zoll-, Transport- und sonstige Frachtkosten einzubeziehen. Die Installationskosten sind teils im Kaufpreis, teils in den unten angegebenen Raumkosten enthalten. Eine hohe Integration der Programmbibliothek und der Dateien eines Informationssystems bedingt umfangreiche Testzeiten während der Vorbereitungsphase. „Es scheint integrierten Systemen inhärent zu sein, daß Parallel-Läufe mit der alten Organisationsform praktisch unmöglich sind und daß Testarbeiten in die Hunderte von Stunden gehen können. Die Testarbeiten werden somit ebenfalls zu einem Kosten- und Zeitfaktor ersten Ranges werden" [60, S. 72]. Aber selbst bei möglicher Parallelarbeit des bisherigen und des neuen Datenverarbeitungs-Verfahrens treten die Testmieten als Mehrkosten belastend auf.

b) Einmalige Personalkosten:

Die einmaligen Personalkosten werden einerseits durch die Personalausbildung, in die eine geeignete Personalwerbung und -auswahl einzubeziehen sind, und andererseits durch die Gehälter für das Projekt-Team zur Einsatzplanung des ADV-Systems bestimmt.

Die Ausbildung der Mitarbeiter in der automatisierten Datenverarbeitung und in den modernen Organisationsverfahren bedeutet für die Unternehmung eine Investition, die nur dann zu einer Leistungssteigerung führen kann, wenn die Ausbildung qualifiziert ist und die Investition damit einen bestimmten Mindestbetrag überschreitet. Qualifizierte Ausbildung bedeutet keineswegs eine homogene, sondern eine dem Vorwissen und den Aufgaben angemessene Wissensvermittlung. Die zwei Ebenen der Ausbildungslehrgänge, nämlich für DV-Spezialisten und für Sachbearbeiter, werden ergänzt durch Informativ-Lehrgänge für die Unternehmensleitung und die übrige Belegschaft. Werden die Lehrgänge vom Betrieb organisiert, so sind Honorarkosten für die meist externen Referenten anzusetzen, ansonsten liegen die Teilnehmergebühren für Lehrgänge bei Herstellerfirmen oder anderen Schulungsinstitutionen vor. Weiterhin sind in einer Wirtschaftlichkeitsrechnung an dieser Position die Gehälter für die Ausfallzeiten der Lehrgangsteilnehmer mit zu berücksichtigen.

Zur zuverlässigen Ermittlung der einmaligen Personalkosten können ausreichende Unterlagen und Erfahrungswerte herangezogen werden. Der Personalbedarf für die Einsatzvorbereitung, die aus einer Einsatzplanung und der eigentlichen Umstellung besteht, wird gewöhnlich in ‚Mannjahren' ermittelt und über ein durchschnittliches Jahresgehalt in Geldeinheiten umgerechnet.

Rhee gibt eine Statistik für die Dauer von Planungsbeginn eines ADV-Systems bis zur Installation an [37, S. 86]:

Anwendungsart	von Planungsbeginn bis Installation: 1	1–2	2–3	3 Jahre	
a) kommerzieller und industrieller Einsatz	28	41	17	13	Zahl der Firmen
b) staatliche Verwaltung	17	25	17	42	

Abb. 11 Planungsdauer für ADV-Systeme

Besteht das Planungsteam aus 6 Mitarbeitern, so erfordert die Einsatzplanung ca. $6 \cdot 1{,}5 = 9$ Mannjahre. Dies entspricht einmaligen Personalkosten von ca. 400 000,– DM.

Werden die Planungsarbeiten von externen Beratern – Angehörigen einer ADV-Firma, einer Beratungsfirma oder eines Hochschulinstituts – ausgeführt, so treten an die Stelle der Gehälter die Honorarforderungen.

Die eigentlichen Umstellungsarbeiten werden zeitlich bestimmt durch die Umsetzung bestehender Stammdaten-Karteien in Datenträger, wie Lochkarte, Magnetband, sowie durch die Erfassung neuer Daten. Vorausgehen muß der Entwurf eines flexiblen Nummern-Schlüsselsystems, was meist auch eine Neuverschlüsselung bestehender Daten, wie Kunden-, Artikel-, Kosten- und Personaldaten, nach sich zieht. Die anfängliche Personalbedarfsspitze wird durch Test- und Parallelarbeiten noch verschärft, was beachtliche einmalige Personalkosten bewirkt.

c) Einmalige Raumkosten:

Einmalige Raumkosten entstehen durch bauliche Veränderungen in Form von Um- oder Neubau und Einbau spezieller elektrischer Aggregate, wie Klimaanlage und Notstromversorgung. Computer der bisherigen drei Generationen benötigen eigene Klimaanlagen, deren Kosten im Gegensatz zu den Gebäudekosten mit der gleichen Nutzungsdauer von ca. 5 Jahren wie das ADV-System abgeschrieben werden. Für die Stromversorgung und Verkabelung des Systems ist ein Doppelboden einzurichten[1]. Maschinen- und Materialräume müssen erweitert, geeignete Personalräume zum Teil neu geschaffen werden. Großraumbüros sind für Organisations- und Programmierarbeiten ungeeignet. Kleine, optisch und akustisch abgeschirmte ‚Zellen' erleichtern die analytische und schöpferische Arbeit, erhöhen aber gleichzeitig die Raumkosten.

d) Einmalige Materialkosten:

Einmalige Materialkosten sind anzusetzen unter anderem für die Erstausstattung mit Lochkarten, Magnetbändern und Wechselplattenstapel sowie für den Entwurf und Druck neuer Formulare.

3.1.1.2 Laufende Kosten

Die laufenden Kosten – auch als Betriebskosten zu kennzeichnen – treten regelmäßig, jedoch nicht zwangsläufig in gleicher Höhe auf. Die Unterteilung in Maschinen-, Personal-, Raum- und Materialkosten kann hier beibehalten werden.

a) Laufende Maschinenkosten:

Als laufende Maschinenkosten treten entweder die monatliche Maschinenmiete oder im Fall des Computer-Kaufs die Abschreibungen und Kapitalzinsen auf. Eine Analyse des Computer-Marktes bezüglich der Monatsmiete ermöglicht die von Diebold[2] herausgegebene regelmäßige Statistik, in der die Anteile der Größenklassen am Gesamtbestand installierter ADV-Anlagen ausgewiesen sind.

[1] bzgl. Raumplanung vgl. [38].

[2] vgl. etwa: Industrielle Organisation 38 (1969) 8, S. 370.

Klasse	Monatsmiete	prozentualer Anteil zu Jahresanfang 1964	1965	1966	1967	1968	1969
I	bis 8 000 DM	8	7	10	14	17	16
II	> 8 000 bis 20 000 DM	36	41	40	41	43	48
III	> 20 000 bis 40 000 DM	37	33	33	31	27	24
IV	> 40 000 bis 80 000 DM	15	16	15	12	11	10
V	> 80 000 DM	4	3	2	2	2	2

Abb. 12 Computer-Klassen

Diese Strukturanalyse zeigt, daß der prozentuale Anteil der mittleren ADV-Anlagen (Klasse III und IV) in den letzten Jahren zugunsten der kleineren Anlagen (Klasse I und II) zurückging. Großanlagen (Klasse V) konnten jedoch ihren Marktanteil in den letzten Jahren behaupten.

Eine Verbesserung der Wirtschaftlichkeit eines installierten Computersystems kann bei Weitervermietung durch Eigenbedarf nicht genutzter Maschinenstunden erreicht werden. Jedoch nutzen nur ca. 10% der Computer-Anwender diese Möglichkeit, die laufenden Maschinenkosten indirekt zu senken.

b) Laufende Personalkosten:

Trotz erwarteter und gelegentlich auch realisierter Personaleinsparungen (vgl. dazu S. 56 und 58) darf nicht übersehen werden, daß neue laufende Personalkosten auftreten. Sie entstehen als laufende Gehälter neu eingestellter qualifizierter ADV-Spezialisten, z. B. Systemanalytiker, und aus laufenden Aus-, Fort- und Weiterbildungsmaßnahmen für betriebseigene Programmierer, Organisatoren und Sachbearbeiter. Externe Lehrgänge verursachen neben den Ausfallkosten noch Reisekosten und Teilnahmegebühren.

Der Personalbedarf an Locherinnen, Operateuren und ADV-Sachbearbeitern kann meist aus der Belegschaft heraus gedeckt werden. Programmierer, Organisatoren, Systemanalytiker und Leiter von Rechenzentren müssen jedoch häufig, auch bei umfangreichem innerbetrieblichen Ausbildungsprogramm, über den angespannten ADV-Arbeitsmarkt angeworben werden. Die im Verhältnis zum übrigen betrieblichen Gehaltsgefüge oft hohen Gehälter für qualifizierte ADV-Mitarbeiter dürfen in einer prognostischen Wirtschaftlichkeitsrechnung nicht unterschätzt werden. Für die Monatsgehälter von ADV-Fachkräften im Bundesgebiet wurden bei einer zugrundegelegten wöchentlichen Arbeitszeit von 39h folgende Spektren – bedingt durch regionale Unterschiede – festgestellt[3]:

[3] Statistik des aiv-Instituts; in: VDI-Nachrichten, 22. 4. 1970, S. 16.

Beruf	Qualifikationsstufe	Monatsgehalt von	bis
Systemanalytiker	A	2620,– DM	2920,– DM
	B	2260,– DM	2470,– DM
	C	1925,– DM	2140,– DM
Programmierer	A	1620,– DM	1960,– DM
	B	1410,– DM	1530,– DM
	C	1075,– DM	1270,– DM
Operateur	A	1270,– DM	1380,– DM
	B	1120,– DM	1240,– DM
	C	1030,– DM	1110,– DM

Abb. 13 Einkommenstatistik für ADV-Berufe

c) Laufende Raum- und Materialkosten

In die laufenden kalkulatorischen Raumkosten sind Gebäudeabschreibungen, Instandhaltungs- und Reinigungskosten einzubeziehen. Die laufenden Energie- und Materialkosten können recht genau ermittelt werden, sobald das Computermodell und die zu bearbeitenden Aufgabenbereiche festliegen.

3.1.1.3 Sonstige kostenbeeinflussende Faktoren

Der quantitativen Erfassung, Abschätzung und Vorhersage der laufenden und auch der einmaligen Kosten können heute Erfahrungswerte bei ADV-Firmen, Anwender- und Beratungsfirmen nutzbar gemacht werden. Daneben treten jedoch noch kostenbeeinflussende Faktoren auf, die abzuschätzen und zu bewerten heute noch große Schwierigkeiten bereitet. Wenngleich diese Nachteile weniger wiegen als die noch zu behandelnden imponderablen Faktoren auf der Nutzenseite, sollten sie in einer Wirtschaftlichkeitsanalyse nicht außer acht gelassen werden. Zu ihnen sind zu zählen:

a) Umstellungsrisiken
b) geringere Flexibilität
c) Informationsüberfluß

zu a)

Die Einrichtung eines computer-orientierten Informationssystems bedeutet die Umstellung wesentlicher betrieblicher Organisationsbereiche. Ihr ökonomisches Ergebnis kann auch bei eingehender Wirtschaftlichkeitsanalyse nur mit erheblicher Unsicherheit vorausgesagt werden.

zu b)

Weiterhin ist diese Errichtung eines computer-orientierten Informationssystems nahezu als irreversibel anzusehen. Systemänderungen bewirken Kosten- und Zeitaufwendungen. Der Fixkostenanteil ist beim laufenden System hoch. Die Arbeitsweise des Computers zwingt zu weitgehend generellen Regelungen im Arbeitsprozeß, während die manuelle Bearbeitung von Ausnahmefällen sich als kostspielig erweist. Die Abhängigkeit des Managements von den ADV-Spezialisten wird häufig auch als Verringerung der Flexibilität verstanden.

zu c)
Gelegentlich wird vor dem Nachteil des Informationsüberangebots gewarnt. Ackoff [1, S. 20] führt als erste seiner fünf ‚allgemeinen und irrtümlichen Annahmen', die oft der Errichtung von betrieblichen Informationssystemen zugrundeliegen, die Vorstellung ‚give them more' an. Ein Überangebot an Informationen wirkt sich ebenso nachteilig auf die Entscheidungsfindung aus wie ein Unterangebot.

3.1.2 Nutzenpotential

In Abschnitt 1.2 wurden die drei Ebenen: Automatisierung der Massendatenverarbeitung, Teilautomatisierung der Dispositionsarbeiten sowie Planungs- und Entscheidungshilfe als Aufgabenpyramide eines betrieblichen Informationssystems angeführt. In ähnlicher Dreiteilung kann auch nach dem Nutzenpotential, das sich damit bietet, gefragt werden.

3.1.2.1 Kosteneinsparungen durch Automatisierung der Massendatenverarbeitung

Durch die Automatisierung der häufig als Routine- oder Massendatenverarbeitung bezeichneten Buchungs- und Abrechnungsaufgaben mit Hilfe eines Computers treten einmalige und laufende Einsparungen auf. Zu den einmaligen Einsparungen, die also während der Nutzungszeit des Computers nur einmal auftreten, sind vor allem Veräußerungserlöse nicht mehr benötigter Geräte zu rechnen. Der Wert dieser Geräte hängt vom bisher erreichten Stand der Mechanisierung im Verwaltungssektor ab. Schreib- und Buchungsmaschinen, Handlochkartengeräte und Geräte der konventionellen Lochkartentechnik können – soweit sie nicht zur Datenerfassung für das Computersystem verwendbar sind – veräußert werden. Insgesamt werden jedoch die einmaligen Einsparungen weit hinter den einmaligen Kosten eines betrieblichen Informationssystems zurückbleiben. Laufende Einsparungen von Maschinenkosten treten beispielsweise auf, wenn bisher schon ein Computersystem gemietet worden war. Raumeinsparungen treten durch Freisetzung bisher benutzter konventioneller Lochkartengeräte und parallel zu Personaleinsparungen auf.

Zweifellos große Erwartungen hegt die Praxis in Bezug auf laufende Personaleinsparungen. Durch Übernahme der verwaltungsmäßigen Routinearbeiten, wie Fakturierung, Debitoren- und Kreditorenbuchhaltung, Lohn- und Gehaltsabrechnung sowie Materialabrechnung erhofft man sich Personal- und damit Kosteneinsparungen, die beträchtlich zur Kompensation der hohen Mieten für den Computer beitragen sollen. Wie eine Untersuchung bei 288 Unternehmen ergab, wird das Ziel ‚Personaleinsparungen' nach den Zielen ‚Kostensenkung', ‚Verwaltungseffizienz' und ‚bessere Kundenbedienung' am häufigsten, nämlich von 204 Firmen genannt [84]. Auch in der Bundesrepublik sind Erwartungen bezüglich Personaleinsparungen zumindest teilweise berechtigt, auch wenn derartige Erwartungen von ADV-Firmen aus psychologischen Gründen kaum gefördert werden. Da jedoch das Verhältnis Personalkosten : Maschinenkosten in Europa niedriger ist als in den USA, fallen die Personaleinsparungen pro eingesetzter Maschinenstunde in Europa geringer aus. Der Wirtschaftlichkeitsnachweis muß demnach außer den Personaleinsparungen durch Automatisierung von Routine-Aufgaben des Rechnungswesens weitere Nutzenfaktoren eines betrieblichen Informationssystems berücksichtigen.

3.1.2.2 Einsparungen und zusätzlicher Nutzen durch Teilautomatisierung von Dispositionsarbeiten

„Als wichtigster Vorteil der EDV galt lange Zeit die Senkung der Verwaltungskosten. Heute sieht man den Nutzen des Computers mehr in der schnelleren, besseren und gezielteren Information" [66].

Durch die Übertragung der Massenarbeiten des Rechnungswesens von manuellen oder konventionellen Methoden auf ein ADV-System – meist ohne grundsätzliche Änderungen der logischen Lösungsverfahren – erhoffte man sich in den Jahren der ersten und zweiten Computer-Generation erhebliche Kosteneinsparungen. Diese Hoffnungen wurden nur zum Teil erfüllt. Die Wirtschaftlichkeit eines ADV-Systems kann jedoch auf verschiedene Weise sichergestellt werden:

a) Leistung konstant, Kosten senken
b) Leistung erhöhen, Kosten weniger erhöhen
c) Leistung erhöhen, Kosten konstant oder senken

Der Fall a) ist erfahrungsgemäß nur selten erreichbar. Die heutige 3. Computer-Generation muß nach Fall b) beurteilt werden. Kleincomputer werden vermutlich in Zukunft angesichts der steigenden Personalkosten und fallenden Maschinenkosten die Stufe c) erreichen. Die Wirtschaftlichkeit des Computer-Einsatzes wird in den beiden Fällen entscheidend von der zusätzlichen Leistung, die das ADV-System ermöglicht, gekennzeichnet. Der Nutzen dieser zusätzlichen Leistung für die Unternehmung kann bis heute häufig nur schwer oder aber gar nicht bewertet werden.

Diese Bewertungsprobleme treten vor allem auf, sobald die oberen beiden Ebenen der Aufgabenpyramide eines betrieblichen Informationssystems (vgl. S. 25) erreicht werden. Auf der Ebene der Teilautomatisierung von Dispositionsaufgaben lassen sich jedoch häufig noch Nutzenwerte in DM- oder anderen Dimensionen angeben.

Dispositionsarbeiten fallen – neben den Abrechnungsaufgaben – schon im Rechnungswesen an. Zeitlich klar gesteuerte, regelmäßige Mahnung der Debitoren bewirken frühzeitige Zahlungseingänge und damit Zinseinsparungen. Zinseinsparungen können aber auch durch volle zeitliche Ausnutzung der von den Kreditoren eingeräumten Skonti erreicht werden. In einem Beispiel kumulierten die Zinseinsparungen durch Anmahnung und Skontiausnutzung auf ca. 10% der jährlichen Gesamteinsparungen durch Computereinsatz [80, S. 140].

Jedoch nicht das Rechnungswesen bildet den Aufgabenkern der Dispositionsarbeiten eines betrieblichen Informationssystems, sondern die Materialwirtschaft und die Fertigungssteuerung. Durch Abspeicherung und periodische Durchrechnung eines Dispositionsmodells der Bestellpolitik in Form eines Computer-Programms kann erfahrungsgemäß der mittlere Lagerbestand gesenkt werden. Die wichtigsten Ergebnisse derartiger Rechenläufe sind nämlich Hinweise auf die optimalen Bestellmengen und die günstigsten Bestellzeitpunkte. Eine Lagerbestandssenkung ist mit einer Kapitalfreisetzung verbunden. Damit tritt einerseits eine einmalige Liquiditätsverbesserung und andererseits eine laufende Einsparung an Zins- und Verwaltungskosten auf. In einer Werkzeugmaschinenfabrik, die Modularprogramme einsetzte, wurden innerhalb von zwei Jahren folgende Ergebnisse erzielt [19, S. 79f.]:

a) Abbau der Lagerbestände an Roh-, Halb- und Fertigfabrikaten um 28% (innerhalb eines Jahres werden weitere 10 bis 15% erwartet)
b) Verringerung der Kapitalbindung bei den in Bearbeitung befindlichen Aufträgen um 35%.

Eine Genossenschaftszentrale von 350 Lebensmittelhändlern (Jahresumsatz 25 Mio. $) führte das Lagermodell IMPACT ein und zog 90% der 7000 geführten Artikel in die Computer-Bearbeitung mit ein [20, S. 118f.]. Als Ergebnisse werden angeführt:

Kapitalfreisetzung durch Abnahme der Vorräte:	ca. 300 000 $
Abnahme der Lager-Gemeinkosten:	ca. 50 000 $
Abnahme der entgangenen Verkäufe:	ca. 60%

Dispositionsarbeiten fallen besonders auch im Bereich der Fertigungsplanung und Fertigungssteuerung an. Für diese Aufgaben wurden in den letzten Jahren von allen namhaften ADV-Firmen Modularprogramme entwickelt – z. B. das Programmpaket PICS von der Firma IBM, BASIS von Siemens, LAMBDA von B-GE, TPS von Univac und FACTOR von Honeywell. Die Auftragseinlastung kann zeit-, kapazitäts- und kostenoptimal durch modifizierte Netzplantechniken erfolgen. Verkürzte Durchlaufzeiten, höhere Termintreue und verbesserte Kapazitätsausnutzung sind die Folge. In dem obengenannten Anwendungsbeispiel von Modularprogrammen zeigten sich folgende Nutzeneffekte im Fertigungsbereich [19, S. 80]:

a) Verkürzung der Durchlaufzeiten um	25%
b) Verringerung des durchschnittlichen Terminverzuges bei Aufträgen mit Terminrückstand von	30 auf 5 Tage,

wobei der Anteil der rückständigen Aufträge abgenommen hat — von 70% auf 40%

c) Veränderung des durchschnittlichen Kapazitätsnutzungsgrades — von 72% auf 85%

d) Einsparung von Personalkosten im technischen Verwaltungsbereich (Arbeitsvorbereitung und Fertigungssteuerung) — um 10%

Es zeigt sich, daß in einer Wirtschaftlichkeitsanalyse das Nutzenpotential, welches durch den Computer-Einsatz für Dispositionsaufgaben entsteht, nur zum Teil unmittelbar in der DM-Dimension, z. B. Fall d), angegeben werden kann. In den Fällen a) und b) wird der Nutzeneffekt zunächst in der Zeitdimension (z. B. in Tagen) ermittelt. Es bedarf eines eigenen Bewertungsvorganges, um von der Zeit- zur DM-Dimension zu gelangen. In diesem Bewertungsvorgang steckt nach der Ungewißheit der Zeitschätzung ein weiteres Risiko der Wirtschaftlichkeitsanalyse.

3.1.2.3 Nutzen durch Planungs- und Entscheidungshilfe

„Obwohl die erreichbaren Kostenbeeinflussungen die Basis für die Umstellung auf elektronische Datenverarbeitung sein sollten, liegt doch ein mindestens ebenso hoch zu bewertender Effekt in der damit verbundenen Aussagefähigkeit und dem verbesserten *Steuerungsvermögen* in bezug auf das gesamte Betriebsgeschehen" [19, S. 81]. Dieses Nutzenpotential wird angestrebt durch den Computer-Einsatz zur Planungs- und Entscheidungshilfe. Derartige Hilfen bietet die Computer-Anwendung sowohl in Funktionsbereichen als auch bei gesamtunternehmerischen Aufgaben.

Ein modernes Rechnungswesen ist keineswegs nur abrechnungs- und damit vergangenheitsorientiert. Plankostenrechnung, Budget- und Bilanzsimulationen sowie Finanzplanung mit Netzplantechnik zeigen die zukunftsorientierte Seite eines neuen Rechnungswesens. Im Fertigungsbereich werden Lineare Programmierungsmodelle zur Errechnung optimaler Produktionsprogramme eingesetzt. Die Differenz der neuen zu den alten Produktionsprogrammkosten bedeutet einen computer-bedingten Nutzen.

Planungs- und Entscheidungshilfe leistet der Computer im Bereich der Konstruktion, wo zunehmend Mensch-Maschine-Bildschirmkommunikation zum Zwecke der computer-unterstützten Entwurfs- und Konstruktionsarbeiten (computer aided design and construction) praktiziert wird. Ein Teil des somit entstehenden Nutzens wird zwar als Personaleinsparungen unmittelbar in die Wirtschaftlichkeitsrechnung eingehen, der Rest jedoch wird als Vorteile der Standardisierung, des Information Retrieval und der Rationalisierung nur mittelbar erfaßbar sein.

Im Funktionsbereich ‚Vertrieb' einer Unternehmung sind neben den automatisierbaren Routinearbeiten der Vertriebsabrechnung vor allem Planungs- und Entscheidungshilfen vom Computer-Einsatz zu erwarten. Die Abspeicherung, Aufbereitung und Auswertung von Marktdaten mehrerer Betrachtungsperioden und die Erstellung aktueller Statistiken, umfangreicher Pläne und Prognosen sowie Budgetsimulationen ließen sich ohne die große Speicherkapazität und die hohe Arbeitsgeschwindigkeit moderner Computer aus Zeit- und Kostengründen nicht durchführen. Die Anwendung der Linearen Programmierung zur optimalen Werbebudgetaufteilung auf die verschiedenen Werbemittel und Werbeträger kann Kosteneinsparungen bewirken.

Die Planungs- und Entscheidungshilfe durch Computer-Einsatz kann nicht allein vom Standpunkt der Funktionsbereiche, sondern auch von den gesamtunternehmerischen Aufgaben her beurteilt werden. Verbesserungen sind einerseits im betrieblichen Entscheidungsprozeß und andererseits in der Unternehmensorganisation zu erwarten.

Da Informationen als Grundlage jeglicher rationaler Entscheidungstechniken unerläßlich sind, kann eine Verbesserung des Entscheidungsprozesses durch Verbesserung des betrieblichen Informationssystems angestrebt werden. Ein Entscheidungsprozeß umfaßt die drei Phasen:

a) Entscheidungsvorbereitung
b) Entscheidungsoptimierung
c) Entscheidungsfällung

zu a)
Zur Vorbereitung der Entscheidung müssen adäquat verdichtete Informationen über die möglichen Alternativen bereitgestellt werden. Der Nutzen, der dabei durch einen Computer-Einsatz entstehen kann, wird gekennzeichnet durch Begriffe wie: Schnelligkeit, Übersichtlichkeit und Genauigkeit.

zu b)
Zur Entscheidungsoptimierung und Sensitivitätsanalyse stehen die verschiedenen Methoden der Operations Research (Unternehmensforschung, Optimalplanung) wie Netzplantechnik, Lineare und Nichtlineare Programmierung, Simulation und Entscheidungsbaumverfahren, zur Verfügung.

zu c)
Die Entscheidungsfällung erfolgt zunehmend nach dem Ausnahmeprinzip (management by exception). Modellabbildungen von Entscheidungsvorgängen ermöglichen die automatische Durchführung von ‚Routineentscheidungen' durch den Computer. Das Management greift nur in Ausnahmesituationen ein. Die Entscheidungshilfe durch den Computer ermöglicht damit dem Management, mehr Zeit auf Entscheidungen mit höherem schöpferischen Anteil zu verwenden.

Die Verbesserung des betrieblichen Informationssystems zeigt aber nicht nur Nutzen im Entscheidungsprozeß, sondern auch Vorteile in der Unternehmensorganisation. Gautschi [60, S. 72] betont, „daß eine Organisation an und für sich einen Qualitätsstatus haben kann, ohne daß dieser wertmäßig ausgedrückt werden könnte, also ähnlich wie der Goodwill". In Kap. 6 wird gezeigt werden, daß Wertansätze nicht grundsätzlich unmöglich sind, wenngleich sie heute noch wenig praktikable Lösungen bieten. Sicherlich wird aber die Errichtung eines betrieblichen Informationssystems eine grundlegende Umorganisation der Struktur und insbesondere aber der Arbeitsabläufe im Betrieb erforderlich machen.

Die Einführung eines ADV-Systems bietet in den meisten Unternehmen zum ersten Mal Anlaß und hinreichende Begründung, die oft unkontrolliert gewachsene und durch Tradition beladene Unternehmensorganisation gründlich zu analysieren, systematisch zu straffen und neu zu formulieren. Kompetenzabgrenzungen und insbesondere Kommunikationsbeziehungen werden durch Entscheidungs- und Informationsanalysen durchschaubarer und übersichtlicher. Eine Vielzahl von bisher fallweise gelösten Aufgaben werden jetzt einmalig geplant und generellen Regelungen unterworfen. Die Verlagerung von Routineentscheidungen, Planungs- und Speicheraufgaben auf das ADV-System „bietet die Möglichkeit, Erfahrungen zu objektivieren, zu institutionalisieren. Aus einem Lernprozeß des Individuums wird so ein Lernprozeß der Organisation" [36, S. 92]. Dieses institutionalisierte Lernen des ADV-Systems in Dateien und Programmen (Modellen) verringert die Abhängigkeit der Unternehmung von Krankheitsfällen und Fluktuationen des Personals.

Häufig wird betont, daß die Analyse, Um- und Neustrukturierung der Aufbau- und Ablauforganisation allein schon – ohne den Computer-Einsatz – beachtlichen Nutzen bringen würde. Schwarze berichtet beispielsweise von einer Systemanalyse und -synthese, durch die allein mit dem verbesserten manuellen Verfahren die Durchlaufzeit von ca. 20 Tagen auf 4 Tage und durch die zusätzliche Verwendung eines Computers weiterhin auf 1 Tag reduziert werden konnte [82, S. 494]. Häufiger jedoch dürfte der Fall sein, daß die Systemkonzeption moderne Organisationsmethoden und einen Computer zur Voraussetzung hat. Der damit entstehende Nutzen ist dann in einer Wirtschaftlichkeitsanalyse dem ADV-System gutzuschreiben.

So bedeutend der Nutzen eines betrieblichen Informationssystems durch die Planungs- und Entscheidungshilfe im Einzelfall heute und insbesondere in Zukunft sein mag, die quantitative Erfassung dieses Nutzens in einer Wirtschaftlichkeitsanalyse ist heute – wenn überhaupt – fast ausschließlich über mittelbare Schätzungen möglich.

3.2 Entscheidung über Kauf oder Miete

Die Entscheidung für oder gegen die Einrichtung eines ADV-Systems sowie die Modalitäten der Systemeinführung können nicht allein von einer Wirtschaftlichkeitsrechnung abhängig gemacht werden. Die finanzwirtschaftlichen Auswirkungen, die Liquiditätssituation der Unternehmung und die generelle Risikobereitschaft der Unternehmenspolitik wirken als zusätzliche Faktoren mit. Mit der Einführung eines ADV-Systems wird ein hoher Mechanisierungs- und Automatisierungsgrad erreicht, der gegebenenfalls hohen Kapitalbedarf und eine starre Kostenstruktur nach sich zieht. Durch den Ersatz von Personal- durch Kapitalkosten, wie Computer-Miete oder Abschreibungen, vermindert sich der Anteil variabler Kosten zugunsten der fixen Kosten. Als variabel im Sinne einer Abhängigkeit vom Arbeitsanfall in der ADV-Abteilung kann nur ein relativ geringer Kostenanteil, insbesondere die Material- und Energiekosten, angesehen werden. Selbst das Gehalt der ADV-Spezialisten muß als relativ fix angesehen werden, da bei der Schwierigkeit der Personalbeschaffung im ADV-Sektor auch bei einem Beschäftigungstief diese Spezialisten nicht entlassen werden.

Die fixen Kosten werden zur Beurteilung der finanzwirtschaftlichen Auswirkungen in ausgabenwirksame und ausgabenfremde Kosten unterteilt. Die ausgabenwirksamen Kosten sind besonders unter Kontrolle zu halten. Zu ihnen gehören die vorwiegend umstellungsbedingten einmaligen Kosten sowie laufende Mieten und teilweise Personalkosten. Die Mietkosten sind unter dem Aspekt des Mehrschichtbetriebes als bedingt fixe oder sprungfixe Kosten anzusehen. Zwei Gestaltungsmöglichkeiten der Computer-Miete sind in der Praxis anzutreffen.

a) Es wird eine Grundmiete M_G für die Grundschicht (1. Schicht) mit der Grundzeit von z. B. $t_G = 200$ Stunden pro Monat vereinbart. Bei einer tatsächlichen monatlichen Benutzungszeit von $t > t_G$ entstehen Zusatzkosten. Diese Zusatzkosten sind variable in Bezug auf die Zusatzstunden $(t - t_G)$, wobei die Stundenkosten nur einen Bruchteil a der Stundenkosten der Grundschicht betragen. Der Wert a liegt zwischen 0,05 und 0,50, abhängig vom ADV-Hersteller und von der Verhandlungsstärke des Computer-Anwenders. Die Monatsmiete errechnet sich demnach zu:

$$M = M_G + a \cdot \frac{M_G}{t_G} \cdot \max\ [t - t_G, 0]$$

wobei: $0{,}05 \leqslant a \leqslant 0{,}50$

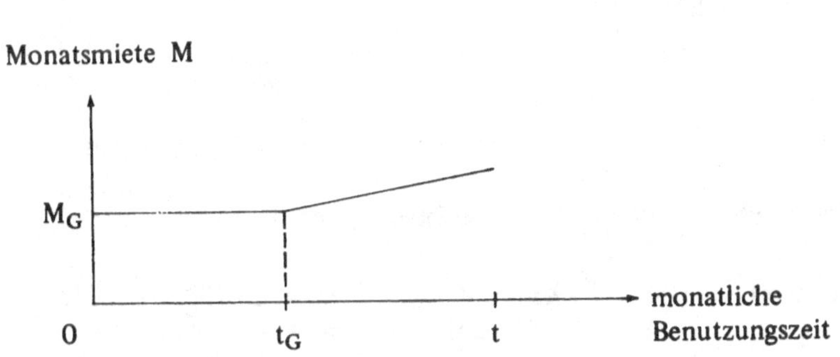

b) Im Vertrag wird eine Grundmiete M_G für eine Grundschicht (1. Schicht) mit der Grundzeit von z. B. $t_G = 200$ Stunden pro Monat festgelegt. Für eine 2. oder 3. Schicht wird ein Zuschlag von z. B. 10% vereinbart. Die Monatsmieten sind damit sprungfixe Kosten:

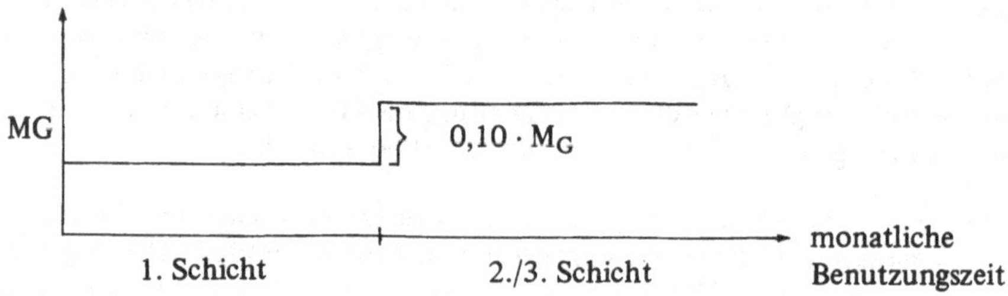

Die Entscheidung, ob ein Computersystem gekauft oder gemietet werden sollte, kann mit Hilfe einer finanzmathematischen Rechnung erleichtert werden. Zu diesem Zweck wird ein Wert E errechnet:

$$E = [K \cdot q^n + F \cdot q \cdot \frac{q^n - 1}{q - 1}] - [M \cdot q \cdot \frac{q^n - 1}{q - 1}]$$

Der Wert E ist der Differenzwert nach n Jahren zwischen den Kosten bei Kauf (erster Klammerausdruck) und bei Miete (zweiter Klammerausdruck). Die verwendeten Größen haben folgende Bedeutungen:

K = Kaufpreis des Computers
F = aus dem Kauf resultierende Folgekosten, wie monatliche Kosten für einen gesondert abzuschließenden Wartungsvertrag sowie für ein Ersatzteillager
M = Monatsmiete für den Computer
n = Zahl der geplanten Nutzungsjahre des Computers
$q = 1 + \frac{p}{12} \cdot \frac{1}{100}$
p = Kapitalzinssatz

Die Entscheidung lautet:

a) für $E < 0$ Kauf des Computers
b) für $E > 0$ Miete des Computers
c) für $E = 0$ Kauf und Miete gleich günstig

Der Fall c) gibt die kritische Nutzungsdauer n_o an.

Beispiel:
mit den Werten: K = 1 Mio. DM M = 25 000,– DM/Monat
F = 3000,– DM p = 6 %

und der Abkürzung: $a = 1/[1 - \frac{K}{M - F}(1 - \frac{1}{q})]$

folgt: $n_o = \lg a/\lg q = 56$ Monate.

In diesem Fall wäre der Kauf der Miete dann vorzuziehen, wenn eine Nutzungsdauer von mehr als 56 Monaten vorgesehen wäre[4]. Die geplante Nutzungsdauer ist die kleinste der folgenden drei möglichen Größen:

a) technische Nutzungsdauer
b) ökonomische Nutzungsdauer
c) anwendungsorientierte Nutzungsdauer

zu a)
Die technische Funktionsfähigkeit begrenzt bei Computern der 3. und 4. Generation kaum noch die Nutzungsdauer.

zu b)
Der häufige Modellwechsel der letzten zehn Jahre begrenzte die Nutzungsdauer eines Computers, da neue Modelle die gleichen Arbeiten wirtschaftlicher bewältigen konnten.

zu c)
Gelegentlich wird die geplante Nutzungsdauer aber weder durch die technische Funktionsfähigkeit noch durch die Wirtschaftlichkeit des Modells begrenzt, sondern durch die terminierte Anwendungsart des Computers. Dieser Fall tritt auf, wenn z. B. der Übergang von der Batch- zur Real-Time-Verarbeitung zeitlich festgelegt ist oder wenn die zukünftige Ausweitung des Anwendungsfeldes einen Computerwechsel schon vorherbestimmen läßt.

Die Entscheidung zwischen Kauf und Miete eines Computers ist in den vergangenen Jahren im kommerziellen Bereich überwiegend zugunsten der Miete ausgefallen, im Hochschulbereich dagegen zugunsten des Kaufs. Etwa 85% der Computer im kommerziellen Bereich sind gemietet, dagegen sind im Hochschulbereich etwa 75% gekauft. Dies war durch die längere Nutzungsdauer des Computersystems im Hochschulbereich und durch die dortigen Haushaltsvorschriften bedingt. Gekauft werden vorwiegend Computer der Klasse I und V (vgl. S. 51), d. h. Klein- und Groß-Anlagen.

Neben der angeführten finanzmathematischen Entscheidungshilfe sind vor allem folgende allgemeine Kriterien bei der Entscheidung zwischen Kauf und Miete zu beachten:

a) Vorteile beim Kauf:
1. bei langer Nutzungsdauer grundsätzlich günstiger
2. kein Mietzuschlag bei Mehrschichtbetrieb
3. Rabatte
4. Kontinuität für die Anwendungsplanung

[4] Tabellen für verschiedene Parameterwerte finden sich in [18, S. 222–231].

b) Vorteile bei Miete:
1. keine Kapitalbedarfsspitze
2. geringeres Risiko bezüglich technischer Überalterung
3. kein gesonderter Wartungsvertrag und besserer Service
4. nur kurzfristige Bindung an eine ADV-Firma (z. B. vorherrschende vierteljährliche Kündigungsfrist)
5. gegebenenfalls Möglichkeit des Mietkaufs

Im Falle des Mietkaufs wird ein Teil der angefallenen Mieten auf den Kaufpreis angerechnet. Der Vorteil für den Kunden liegt darin, daß vor der Kaufentscheidung Anwendungserfahrungen mit dem Computer-Modell gemacht werden können. Ferner entfällt die Kapitalbedarfsspitze bei Einführung des Systems.

Ein weiterer Faktor, der sowohl in einer Wirtschaftlichkeitsanalyse als auch bei der Computer-Auswahl zu berücksichtigen ist, wird mit dem Begriff ‚Unbundling' gekennzeichnet. Der Ausdruck ‚Unbundling' soll kennzeichnen, daß die betreffende Herstellerfirma ihren Kunden die Hardware und die ADV-Dienstleistungen, zu denen Programmpakete, Systemberatung, Ausbildung und Technischer Service zu zählen sind, getrennt in Rechnung stellt. H. F. Sherwood, der Vice-President der Diebold Europe S. A. sieht – nach einer dreiwöchigen Untersuchung in den USA – im Verfahren des „Unbundling die vom Benutzer her gesehen bedeutendste Entwicklung, seitdem Computer ein kommerzieller und wirtschaftlicher Faktor in unseren Unternehmungen geworden sind" [45, S. 1].

Das Verfahren des Unbundling wurde ab Januar 1970 in den USA von der Firma IBM in den Markt eingeführt und von verschiedenen anderen Firmen übernommen. Für die europäischen Märkte stellt sich kaum noch die Frage, ‚ob Unbundling oder nicht', sondern die Frage nach dem ‚wann'. Die Wahl zwischen Firmen mit und solchen ohne Unbundling wird jedoch noch längere Zeit bestehen. Für den ADV-Anwender stellt sich ferner die Frage, ob Dienstleistungen von ADV-Beratungsfirmen preislich günstiger liegen als die der ADV-Herstellerfirmen, die nach dem Unbundling-Verfahren arbeiten. Eine erste Abschätzung der Auswirkungen des Unbundling läßt – trotz Hardware-Mietpreissenkungen von ca. 3% – eine Gesamtkostensteigerung von 10–20% für den ADV-Anwender erwarten[5] [45, S. 7].

3.3 Computer-Auswahl

3.3.1 Problemstellung

Erlaubt die Wirtschaftlichkeitsanalyse eine Grundsatzentscheidung zugunsten der Einführung eines Computersystems, so steht als weiteres Entscheidungsproblem

[5] Zu den Preisforderungen der IBM (USA) siehe [45, S. 3–6].

die Auswahl des geeigneten Computermodells aus alternativ möglichen Modellen an. Folgende Phasen erscheinen sinnvoll für diesen Entscheidungsprozeß, wenn eine Nutzwertanalyse[6] angestrebt wird:

1. Definition einer Modell-Soll-Konfiguration
2. Entwicklung eines Zielkriterienkatalogs
3. Ermittlung der Zielertragsmatrix
4. Bewertung zu einer Zielwertmatrix
5. Ergebnisdarstellung als Zielwertbaum

Diese Phasen der Computer-Auswahl werden im folgenden anhand eines praktisch bearbeiteten Beispiels dargestellt und interpretiert. Dabei wird hier auf eine detaillierte Wiedergabe der Modell-Soll-Konfiguration verzichtet. Zwei Aufgabenschwerpunkte waren für den auszuwählenden Computer vorgesehen:

a) Regelung der Netzleistung in einem Energieverbundsystem durch Bedarfskontrolle und Anpassung der Energieerzeugung mittels Änderung von Soll-Fahrplänen
b) Abrechnungs- und Planungsaufgaben

Im Falle a) arbeitet der Computer im on-line-Betrieb als Prozeßrechner. Die Aufgaben b) werden mit background-Programmen geringer Priorität abgewickelt.

Die Soll-Konfiguration enthielt technische Angaben bezüglich der allgemeinen Peripherie (Externspeicher und Ein-/Ausgabegeräte) und des Prozeß-Anschlußsystems (Anschlußstellen, interrupt-Ebenen etc.). Sie wurde verschiedenen Computer-Firmen zur Ausarbeitung von Angeboten zugesandt. Vier Modelle verblieben in der engeren Wahl.

3.3.2 Zielkriterienkatalog

Die Auswahlentscheidung unter diesen vier Modellalternativen muß zum Teil recht heterogene Einflußfaktoren mit unterschiedlicher Gewichtung in den Kalkül einbeziehen. Zu diesem Zweck wird ein hierarchischer Zielkriterienkatalog erstellt.

Dieser Katalog geht von 5 Hauptkriterien aus, die stufenweise in Unterkriterien aufgespalten sind. Auf jeder Stufe ist die zugehörige Gewichtung angegeben. Die Festlegung der Kriterien und ihrer Gewichte sollte in einer kleinen Arbeitsgruppe erfolgen, um individuelle Präferenzen auszugleichen. Die Gewichtungsfaktoren g_j sollten möglichst nach Erstellung der Soll-Konfiguration und vor Eingang der Angebote fixiert werden, um eine bewußte oder unbewußte Manipulation der Ergebnisse zu vermeiden.

[6] Die folgende Darstellung der Nutzwertanalyse übernimmt die Terminologie aus [50, S. 289–296 und 324–337].

Nr. j	Abb. 14 Zielkriterienkatalog	Knotengewichte (%) g_j
0	Computer-Auswahl	100
		100
1	Technische Leistungsfähigkeit	25
2	Einsatz-Breite und -Reserve	20
3	Programmiersystem	20
4	Unterstützung durch den Hersteller	10
5	Kostenaspekte	25
		100
11	Zentraleinzeit	55
12	allgemeine Peripherie	20
13	Prozeß-Anschlußsystem	25
		100
21	Bewährtheit	25
22	anlagengleiche Erweiterung	25
23	familiengleiche Erweiterung	20
24	background-Arbeiten	30
		100
31	maschinenorientierte Programmiersprachen	20
32	problemorientierte Programmiersprachen	20
33	Standardprogramme	15
34	Betriebssystem	45
		100
41	Wartung	40
42	Unterstützung bei Progr./Organisation	30
43	Unterstützung bei Ausbildung	30
		100
51	Monatsmiete	80
52	Zahlungsbedingungen	20
		100
111	Hauptspeicherkapazität	35
112	Verarbeitungszeiten (Mix)	25
113	Wortstruktur	10
114	Kanäle und Prioritäten	20
115	technische Zuverlässigkeit	10
		100
121	Externspeicher	65
:	:	:
	etc.	

3.3.3 Zielertragsmatrix

Für jedes der eingegangenen Angebote wird nun der Grad der Erfüllung der Unterkriterien auf der jeweils untersten Stufe des Kriterienkatalogs ermittelt. Diese Ergebnisse können in einer Zielertragsmatrix festgehalten werden. Abb. 15 enthält eine verkürzte Darstellung der Zielertragsmatrix für das angeführte Beispiel. Die Ertragsgrößen e_{ij} sind aus Gründen der Übersichtlichkeit nur für die beiden Unterkriterien 51 und 52 eingetragen. Es zeigt sich aber schon daran, daß die Ertragsgrößen für die verschiedenen heterogenen Unterkriterien von unterschiedlicher Dimension sind – hier ‚DM' und ‚allgemeine Bedingungen'. Um eine Zusammenfassung dieser Ertragsgrößen zu einem Gesamturteil bezüglich der jeweiligen Angebote zu erreichen, wird aus der Zielertragsmatrix heraus die Zielwertmatrix erstellt.

Abb. 15 Zielertragsmatrix $[e_{i,j}]$

Hauptkriterien		1 technische Leistungsfähigkeit			...	5 Kostenaspekte	
Unterkriterien		Zentraleinheit	allgem. Peripherie	Prozeß-Anschl.-system		Monatsmiete	Zahlungsbedingungen
j		11	12	13	...	51	52
Alternativen A_i (Angebote)	A_1	. .	. . .	. . .	. .	36.500 DM	Schichtzuschlag, keine Kaufoption
	A_2	. . . .				41.500 DM	kein Schichtzuschlag, Kaufoption
	A_3	. . . .				34.000 DM	kein Schichtzuschlag, keine Kaufoption

3.3.4 Zielwertmatrix

Ein Bewertungsvorgang wird erforderlich, um die Ertragsgröße e_{ij} auf vergleichbare Nutzenwerte n_{ij} zu transformieren. Diese Bewertung geht von der Zielertragsmatrix aus und erfolgt für jedes Unterkriterium, d. h. spaltenweise. Von Stufe zu Stufe wird entsprechend den Angaben des Zielkriterienkatalogs eine Gewichtung vorgenommen.

Gewicht g_j	Haupt-kriterien	Unterkriterien	j	$n_{ij} \leq g_j =$	A_1	A_2	A_3
0,25	Technische Leistungs-fähigkeit	Zentraleinheit	11	55	46	49	38
		allg. Peripherie	12	20	16	17	7
		Prozeß-Anschluß	13	25	19	25	12
			1	Σ 100	81	91	57
0,20	Einsatz-Breite und -Reserve	Bewährtheit	21	25	9	16	16
		anlagengl. Erweiterung	22	25	14	25	8
		familiengl. Erweiterung	23	20	2	16	5
		background-Arbeiten	24	30	20	30	15
			2	Σ 100	45	87	44
0,20	Programmier-system	maschinenor. Progr.spr.	31	20	20	19	13
		problemorient.Progr.spr.	32	20	9	18	10
		Standardprogramme	33	15	7	14	15
		Betriebssystem	34	45	22	40	36
			3	Σ 100	58	91	74
0,10	Unterstützung d. d. Hersteller	Wartung	41	40	25	35	35
		Unterst. b. Progr./Organ.	42	30	25	27	25
		Unterst. bei Ausbildung	43	30	30	21	20
			4	Σ 100	80	83	80
0,25	Kosten-aspekte	Monatsmiete	51	80	74	62	80
		Zahlungsbedingungen	52	20	5	16	10
			5	Σ 100	79	78	90
Σ 1,0					68,6	86.0	68,3
	Reihenfolge				2	1	3

Alternativen A_i

Abb. 16 Kardinale Zielwertmatrix $[n_{ij}]$

Nur für wenige Unterkriterien lassen sich mathematische Funktionen für die Transformation von e_{ij} in n_{ij} angeben. Für das Unterkriterium j = 51 (Monatsmiete) kann beispielsweise folgende Funktion angesetzt werden:

$$n_{ij} = [\max_i \{n_{ij}\}] \cdot [1 - \frac{e_{ij} - \min_i \{e_{ij}\}}{\min_i \{e_{ij}\}}]$$

Diese Transformation besagt, daß für ein Computer-Angebot die Punktzahl für das Unterkriterium ‚Monatsmiete' um soviel Prozent unter der maximalen liegt, wie die Miete dieses Angebots über dem niedrigsten Mietangebot liegt. Für das Angebot A_1 errechnet sich damit:

$$n_{1,51} = [80] \cdot [1 - \frac{36\,500 - 34\,000}{34\,000}]$$
$$= 80 \cdot 0{,}93 = 74 \text{ Punkte}$$

Entsprechend:

$$n_{2,51} = 62 \text{ Punkte}$$

Für die meisten Unterkriterien – beispielsweise auch für das Unterkriterium j = 52 – kann der Netzenwert n_{ij} jedoch nicht unmittelbar rechnerisch, sondern nur über einen echten Bewertungsvorgang ermittelt werden. Das Ergebnis, also die Zielwertmatrix, ist in Abb. 16 angegeben. Diese Zielwertmatrix ist als ‚kardinal' anzusprechen, da die Nutzenwerte an einer kardinalen Skalierung gemessen werden. Ordinale Zielwertmatrizen ergeben sich, wenn die Alternativen bezüglich der Kriterien nur ordinal, also bezüglich der Rangfolge, gemessen werden können [vgl. 50, S. 330].

Nach der Gewichtung der Einzelergebnisse bezüglich der Hauptkriterien zeigt sich, daß das Angebot A_2 mit 86,0 den höchsten Gesamt-Nutzenwert erreicht, während die Angebote A_1 und A_3 mit 68,6 und 68,3 praktisch gleichwertig sind. Die Auswahlentscheidung würde nach dieser Nutzwertanalyse zugunsten des Computer-Angebots A_2 ausfallen.

3.3.5 Zielwertbaum

Um die unterschiedliche Reihenfolge der Angebote bezüglich der verschiedenen Kriterien transparent wiederzugeben, kann der Zielwertbaum in Abb. 17 aufgebaut werden. Er zeigt beispielsweise, daß die drei Hauptkriterien:

Technische Leistungsfähigkeit	(j = 1)
Einsatz-Breite und -Reserve	(j = 2)
Unterstützung d. d. Hersteller	(j = 4)

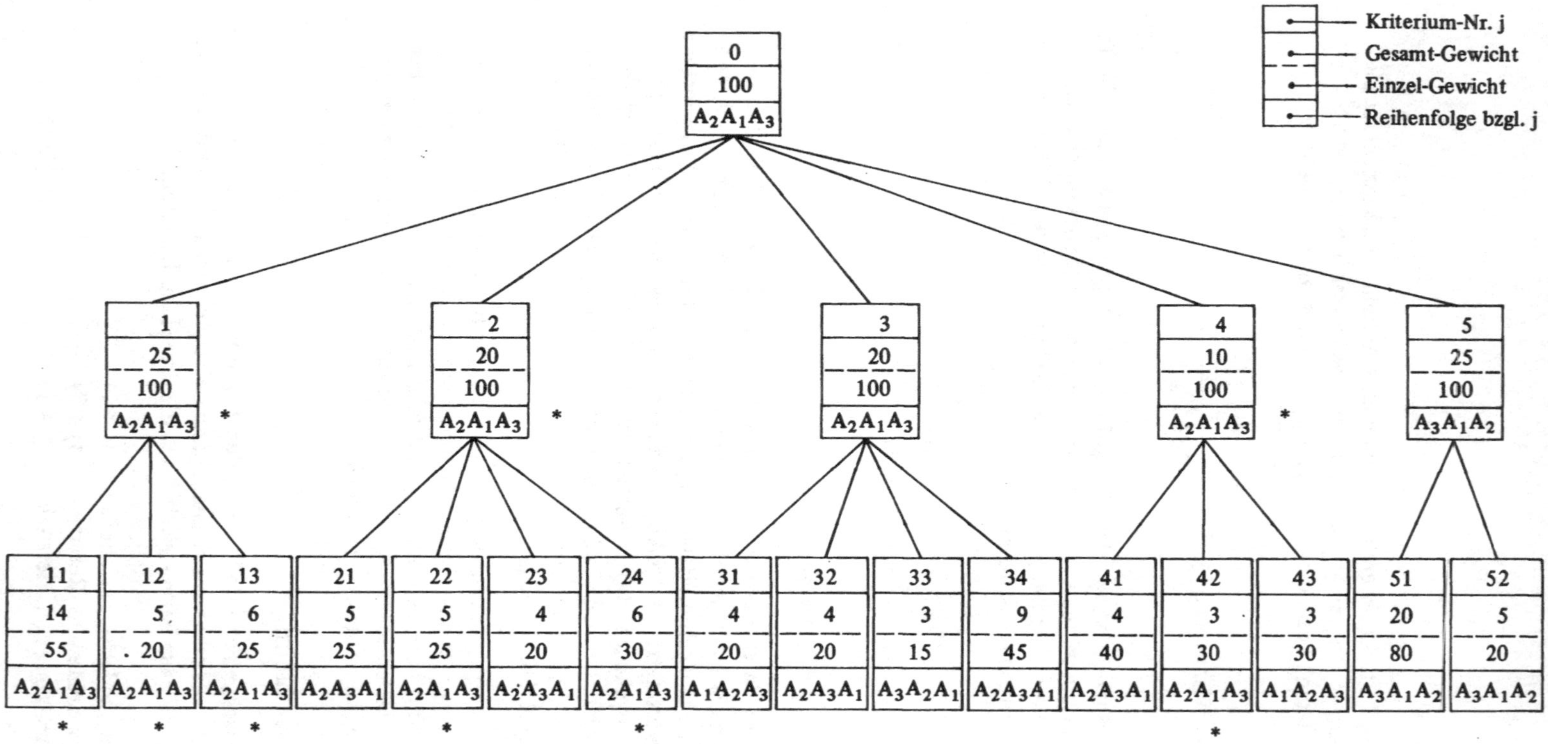

* = gleiche Reihenfolge wie beim Endergebnis

Abb. 17 Zielwertbaum

für sich jeweils schon die gleiche Reihenfolge der Computerangebote ergeben, wie das Gesamtergebnis – nämlich $A_2 A_1 A_3$. Unter dem Kostenaspekt (j = 5) kehrt sich die Reihenfolge um zu $A_3 A_1 A_2$.

Weiterhin entnimmt man dem Zielwertbaum, daß in der Gesamtgewichtung den Unterkriterien ‚Monatsmiete' (j = 51) mit dem Gesamtgewicht 20 und der Zentraleinheit (j = 11) mit 14 die höchste Bedeutung zugemessen wird.

4 Entscheidungen bezüglich ADV-Anwendungsprojekten

4.1 Problematik und Kriterien

4.1.1 Problematik

Bereits bei der Grundsatzentscheidung, ob ein computer-orientiertes Informationssystem aufgebaut werden soll, muß geklärt werden, welche Teilbereiche des Informationssystems zweckmäßigerweise automatisiert werden sollen. Hinter dieser Fragestellung steht das allgemeinere, sich immer wieder stellende Problem, die organisatorische Gestaltung einzelner Teilbereiche des Informationssystems zu beurteilen. Die Gründe, die eine solche Beurteilung veranlassen, können verschieden sein – sei es, daß der bisherige Zustand nicht mehr hinreichend funktionsfähig ist, sei es, daß neue Verfahren und neue Hilfsmittel, wie Terminal-Betrieb, eine Reorganisation sinnvoll erscheinen lassen, sei es, daß Veränderungen im betrieblichen Ablauf eine Reorganisation zwingend erforderlich machen.

Im Hinblick auf ein computer-orientiertes Informationssystem sind bei der Entscheidung über die Gestaltung einzelner Teilbereiche des Informationssystems drei Fragen zu beantworten:

a) Soll im untersuchten Teilbereich das Informationswesen auf Computer-Basis automatisiert werden oder nicht?

b) Welches ist die günstigste Alternative von den verschiedenen Gestaltungsmöglichkeiten für den untersuchten Teilbereich?

c) Wie soll die Reorganisation des analysierten Teilbereichs in die Reorganisation des übrigen Informationswesens eingegliedert werden?

zu a)
Die Entscheidung für oder gegen die Automatisierung eines Teilbereichs des Informationswesens geht im allgemeinen von einer Gegenüberstellung der günstigsten konventionellen Gestaltungsalternative und der günstigsten computer-orientierten Lösung aus. Die Entscheidung für oder wider die Automatisierung eines Teilbereichs gewinnt in zunehmendem Maße den Charakter einer Grundsatzentscheidung; dies um so mehr, als der einmalig gefaßte Entschluß, ein computer-orientiertes Informationssystem aufzubauen, nach erfolgter Realisation kaum noch rückgängig zu machen ist.

zu b)
Dieses Problem stellt sich besonders häufig bei der Entscheidung über Detailfragen der Gestaltung des Informationssystems, sei es bei einer grundlegenden

Reorganisation oder bei der Anpassung des Informationssystems an eine veränderte Betriebssituation, d. h. im Zuge der Systempflege.

zu c)
Die personelle Kapazität für die Gestaltung des Informationssystems, speziell für den Aufbau eines computer-orientierten Informationssystems, ist aus personalpolitischen, finanziellen oder aus Gründen, die in der Situation des Arbeitsmarktes beruhen, beschränkt. Es genügt daher nicht, nur die günstigsten Projektalternativen auszuwählen; es muß vielmehr auch – unter Beachtung der Kapazitätsrestriktionen – eine Rangordnung aufgestellt werden. Unter Umständen muß ein erheblicher Anteil der personellen Kapazität für Aufgaben der Systempflege reserviert werden. Dieser Anteil liegt bei fortgeschrittenen computer-orientierten Informationssystemen nicht selten über 50% der personellen Kapazität.

4.1.2 Beurteilungskriterien

Die Gewichtung der Kriterien, die zur Beurteilung der Projektalternativen dienen, hängt von der Projektart, vom Zeitpunkt der Beurteilung (planend oder kontrollierend) und von den Zielsetzungen des Entscheidungsträgers ab. Man kann vier Hauptgruppen bilden:

a) wirtschaftliche Kriterien
b) Kriterien der Informationsversorgung
c) technisch-organisatorische Kriterien
d) unternehmenspolitische Kriterien

zu a)
wirtschaftliche Kriterien

1. Nutzen und Kosten des Projektes (Wirtschaftlichkeitskennzahl)
2. wirtschaftliches Risiko
3. Amortisationszeit

Kern der wirtschaftlichen Beurteilung eines ADV-Anwendungsprojektes im Bereich des Informationswesens ist die Gegenüberstellung der Kosten und des Nutzens dieses Projektes und die sich daraus ergebende Wirtschaftlichkeitskennzahl. In der Praxis beschränkt man sich dabei sinnvollerweise auf die Erfassung derjenigen Kosten- und Nutzenfaktoren, für die sich eine DM-Quantifizierung und eine praktikable Zurechnung[1] finden lassen. – So wird man insbesondere fast immer von einer DM-Quantifizierung der Faktoren Abstand nehmen, die im Kap. 2.2 bzw. 3.1 als ‚sonstige Kosten- bzw. Nutzeneinflußfaktoren' bezeichnet wurden.

[1] Für die Wirtschaftlichkeitsanalyse müssen die im Informationswesen entstehenden Kosten und der damit verbundene Nutzen den einzelnen Projekten auch dann zugerechnet werden, wenn bei der Betriebsabrechnung auf eine innerbetriebliche Leistungsverrechnung für den Informationsbereich verzichtet wird.

Die (Schätz-)Werte für die Kosten und insbesondere den Nutzen der Projekte sind mit Unsicherheit behaftet. Es ist daher erforderlich, die sich daraus ergebenden Risiken abzuschätzen, und zwar hinsichtlich der möglichen Höhe und hinsichtlich der Wahrscheinlichkeit, mit der sie eintreten können. Eine Analyse dieser Risiken kann mit Hilfe der im folgenden Kapitel dargestellten Wahrscheinlichkeits- bzw. Entscheidungsbäume durchgeführt werden. Auch auf mögliche Verfahren zur Gewichtung des Risikos soll dabei näher eingegangen werden.

Die Angabe der voraussichtlichen Amortisationszeit des ADV-Projektes erscheint im Hinblick auf die Finanzplanung als Globalinformation sinnvoll.

zu b)

Kriterien der Informationsversorgung

1. Grad des Informiertseins
2. Schnelligkeit der Informationsbereitstellung, Aktualität der bereitgestellten Information
3. Transparenz der Informationserstellung sowie Leistungs- und Kontrollmöglichkeit
   a) für den Sachbearbeiter
   b) für die Revision
4. Schutz gegen ungerechtfertigten Informationsabruf

Hinsichtlich der Qualität der Informationsversorgung muß jedes Informationssystem gewisse Mindestanforderungen erfüllen. Diese Mindestanforderungen können sich zum Teil aus gesetzlichen Vorschriften ergeben (z. B. Berechnung der Lohnsteuer und der Sozialversicherungsbeiträge); meist sind sie durch den Betriebsprozeß bedingt (besonders deutlich bei technischen Prozeßsteuerungen). Die Qualität der Informationsversorgung gewinnt insbesondere dann große Bedeutung für die Beurteilung eines Informationssystems, wenn der Nutzen nicht oder nur teilweise in DM quantifiziert werden kann. Dies gilt in erheblichem Maße für Führungsinformationen.

zu c)

technisch-organisatorische Kriterien

1. Zeitraum bis zur Arbeitsfähigkeit des Systems; voraussichtliche Nutzungszeit
2. Anpassungsfähigkeit des Systems an veränderte Betriebssituationen
3. Eignung der ADV-Anlage; Anlagenauslastung, Belastungsprofil
4. Arbeitsfähigkeit des Systems bei Computer-Ausfall
5. Personalbedarf

zu d)

unternehmenspolitische Kriterien

1. Konzerneinheitlichkeit, Konzernintegration
2. Abhängigkeit

a) von betriebsinternen Spezialisten
b) von Personen oder Organisationen, die nicht zum Einflußkreis des Unternehmens gehören

3. Erhaltung oder Verbesserung der Wettbewerbsfähigkeit zur Zeit und in der Zukunft
4. Image

4.2 Analyse und Beurteilung des Risikos bei ADV-Anwendungsprojekten

4.2.1 Analyse des Risikos mit Hilfe von Entscheidungsbäumen

Der Erfolg eines geplanten ADV-Projektes hängt von einer Vielzahl von Faktoren ab, die nur teilweise vom Entscheidungsträger beeinflußt werden können, teilweise aber außerhalb des Einflußbereichs des Entscheidungsträgers liegen. Demnach können sich bei der Projektrealisation immer mehr oder weniger große Abweichungen von den geplanten Kosten- und Nutzenwerten ergeben.

In dieser Hinsicht ist es zweckmäßig, zwei Kategorien von Abweichungen zu unterscheiden [51]:

a) kleine, relativ unbedeutende und meist voneinander unabhängige Abweichungen einerseits
b) Abweichungen grundsätzlicher Natur, die das Ergebnis maßgebend beeinflussen.

Da die Zahl der kleinen, unbedeutenden Abweichungen im allgemeinen recht groß ist, kann man annehmen, daß die günstigsten und ungünstigsten Abweichungen von den Schätzwerten sich weitgehend kompensieren. Dabei muß natürlich vorausgesetzt werden, daß die Schätzwerte selbst nicht tendenziell zu optimistisch oder zu pessimistisch sind. Zur Sicherheit kann man bei dem Gesamtnutzen bzw. bei den Gesamtkosten einen Pessimismusabschlag bzw. -zuschlag vornehmen.

Demgegenüber scheint es angebracht, die – im allgemeinen wenigen – schwerwiegenden Abweichungen, die sich bei der Projektrealisation ergeben können, insbesondere in Hinsicht auf die damit verbundene Verlustgefahr, eingehender zu analysieren. Ein entsprechendes Verfahren soll im folgenden an einem Beispiel dargestellt werden. Es sei angenommen, daß ein geplantes ADV-Projekt zur Teilautomatisierung von Dispositionsarbeiten hinsichtlich der Risiken zu analysieren sei. Die geplanten durchschnittlichen jährlichen Kosten mögen etwa 400 000,– DM, der durchschnittliche jährliche Nutzen etwa 475 000,– DM betragen (Annuitäten, bezogen auf einen Planungszeitraum von 5 Jahren). Es sollen außerdem vier Möglichkeiten der Projektrealisation zur Diskussion stehen[2], nämlich:

1. Selbständige Systemkonzeption und Programmierung im Unternehmen ohne externe Beratung
2. Systemkonzeption und Programmierung im Unternehmen mit externer Beratung
3. Vergabe des Realisationsauftrages an ein externes Spezialunternehmen
4. Kauf eines bereits bestehenden entsprechenden Systems.

Eine Untersuchung der größeren Risiken setzt zunächst einmal eine Abgrenzung dieser Risiken gegenüber den unbedeutenden voraus: Im Beispiel sollen alle Planabweichungen als schwerwiegend angesehen werden, die mit einer Wahrscheinlichkeit von mehr als 10% zu einer Verminderung des Nettonutzens um mehr als 10 000,– DM führen können.

Die Analyse des Projektes im betrachteten Beispiel zeige, daß u. a. folgende Faktoren den Erfolg des Projektes in diesem Sinne nachteilig beeinflussen können.

I. Die Systementwicklung entspricht qualitativ nicht dem Anforderungsniveau des Problems (insbesondere bei Alternative 1)
II. Die speziellen Bedürfnisse des Unternehmens sind zu wenig berücksichtigt (Alternativen 3, 4)
III. Das System wird erst mit erheblicher Zeitverzögerung einsatzfähig (Alternativen 1, 2, 3)

Die Wahrscheinlichkeiten für die Wirksamkeit dieser Faktoren sind in Abb. 18 zusammengestellt.

		Alternativen 1	 2	 3	 4	
zu I	ausreichend nicht ausreichend	0,75 0,25				
zu II	ausreichend nicht ausreichend			0,9 0,1	0,6 0,4	
zu III	keine Verzögerung 1/4 Jahr Verzögerung 1/2 Jahr Verzögerung	0,7 0,2 0;1	0,7 0,2 0,1	0,7 0,2 0,1		
Zahl der möglichen Endergebnisse		6	3	6	2	Σ = 17

Abb. 18 Wahrscheinlichkeitsschätzungen

Berücksichtigt man nur die Wirkungen der angegebenen Einflußfaktoren, so sind für die vier Alternativen insgesamt 17 mögliche Endergebnisse zu untersuchen.

[2] Im Beispiel werden vier Alternativen eines ADV-Projektes untersucht; es können selbstverständlich auch unterschiedliche ADV-Projekte vergleichend gegenübergestellt werden.

Die Darstellung der Zusammenhänge und der möglichen Ergebnisse erfolgt zweckmäßigerweise mit Hilfe eines Graphen, speziell mit Hilfe eines Wahrscheinlichkeits- oder Entscheidungsbaumes. Diese Darstellungsform ist anschaulicher als eine rein tabellarische Darstellung und ist auch bei komplizierteren Zusammenhängen als dem vorliegenden Beispiel noch aussagekräftig.

Ein Entscheidungsbaum setzt sich aus zwei Elementen zusammen (vgl. Abb. 19 und [15, S. 188]): Knoten und Kanten. Dabei müssen unterschieden werden:

bei den Knoten: a) Entscheidungsknoten (in der Abb. Rechtecke)
b) Ereignisknoten (Kreise)
c) Endknoten (Dreiecke)

bei den Kanten: a) Entscheidungskanten (————)
b) Ereigniskanten (– – – – – –)

Die von einem Entscheidungsknoten ausgehenden Entscheidungskanten stehen für die Entscheidungsalternativen, aus denen der Entscheidungsträger auswählt. Die Wirkungen der Einflußfaktoren, die außerhalb der Gewalt des Entscheidenden liegen, werden als Ereigniskanten eingetragen und mit den zugehörigen Wahrscheinlichkeiten gewichtet. Die Endknoten kennzeichnen den Abbruch eines Zweiges des Entscheidungsbaumes, wobei dieser Abbruch der Realität entsprechen kann oder durch einen wegen Informationsmangel erzwungenen Planungshorizont bedingt ist.

Der Entscheidungsbaum für das angeführte Beispiel ist in Abb. 19 dargestellt. Die Abb. 20 enthält die zugehörige Ergebnistabelle. In ihr sind angegeben:

a) die Wahrscheinlichkeit p_{ij}, daß der Ergebnisfall (ij) eintritt, wenn die Alternative i gewählt wurde.
   Beispiel: $p_{12} = 0{,}75 \cdot 0{,}20 = 0{,}15$.
b) die Annuität der Kosten- bzw. Nutzenreihe
c) die Annuität des Nettonutzens: N_{ij}

Die Zahlenwerte der Annuitäten wurden für die 17 möglichen Ergebnisfälle aus den zugehörigen Einzelschätzungen für die einmaligen und laufenden Kosten- bzw. Nutzenwerte unter Anwendung der Formeln aus S. 44 errechnet.

Bereits ein flüchtiger Vergleich der möglichen Ergebnisse zeigt, daß unabhängig von der gewählten Alternative eine Verzögerung beim Einsatz des Systems (Einflußfaktor III) zu einer wesentlichen Erfolgsverschlechterung führt. Als ein erstes Analyseergebnis kann daher gelten, daß sich das Management bei einer Realisation der Alternativen 1, 2 oder 3 in besonderem Maße um die Einhaltung der Terminplanung bemühen muß.

Ein Vergleich der einzelnen Alternativen hinsichtlich der Risiken wird wesentlich einfacher und klarer, wenn (vom Management) explizit definiert wird, welche

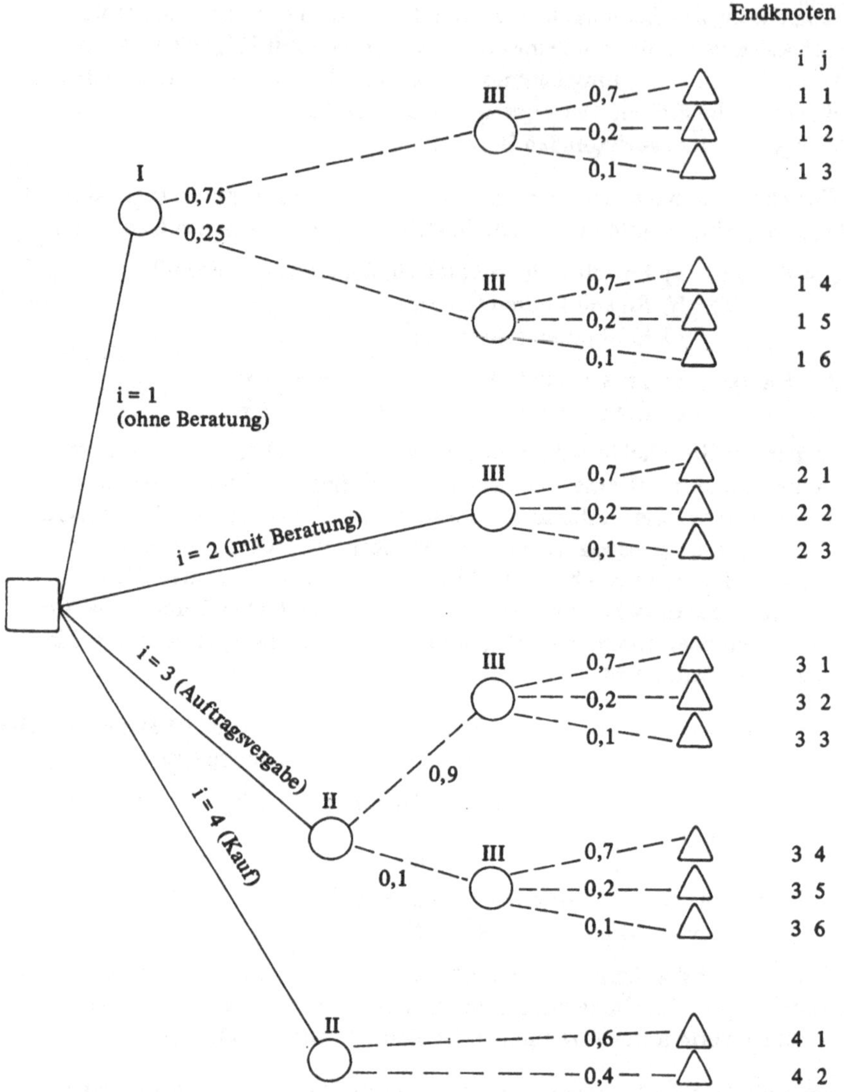

Abb. 19 Entscheidungsbaum mit Entscheidungs- und Wahrscheinlichkeitskanten
□ = Entscheidungsknoten (Wahl d. Entscheidungsträgers)
○ = Ereignisknoten (Zufallsereignis)
△ = Endknoten (möglicher Ergebnisfall)

Endknoten i	j	k(i)	Wahrschein-lichkeit p_{ij}	Kosten (Annuität)	Nutzen (Annuität)	Nettonutzen (Annuität) N_{ij}
1	1		0,525	390	470	+ 80
1	2		0,150	393	438	+ 45
1	3		0,075	395	405	+ 10
1	4		0,175	495	365	- 130
1	5		0,050	490	340	- 150
1	6	6	0,025	485	315	- 170
2	1		0,70	400	475	+ 75
2	2		0,20	403	443	+ 40
2	3	3	0,10	405	410	+ 5
3	1		0,63	395	475	+ 80
3	2		0,18	385	443	+ 58
3	3		0,09	375	410	+ 35
3	4		0,07	430	400	- 30
3	5		0,02	420	370	- 50
3	6	6	0,01	410	340	- 70
4	1		0,60	415	520	+ 105
4	2	2	0,40	450	420	- 30
				in Tausend DM (TDM)		

Abb. 20 Ergebnistabelle zum Entscheidungsbaum Abb. 19

Risiken als tragbar angesehen werden [51, S. 93]. Im vorliegenden Beispiel sollen die entsprechenden Risikogrenzen wie folgt lauten:

a) Mit einer Wahrscheinlichkeit von mindestens 50% soll der geplante Nettonutzen des Projektes (75 TDM) nicht unterschritten werden.

b) Die Wahrscheinlichkeit, daß eine Kostenunterdeckung größer als 10 TDM pro Jahr eintritt, soll nicht größer als 10% sein.

c) Der mögliche Gesamtverlust darf im ungünstigsten Fall nicht größer als 100 TDM sein.

Die Ergebnisse in Abb. 20, die sich auf die vier vorgesehenen Alternativen 1, 2, 3, 4 beziehen, werden überprüft, ob sie diese drei Risikogrenzen einhalten oder nicht. Die Auswertung ergibt:

		Alternativen 1	2	3	4
Risiko-grenzen	a	+	+	+	+
	b	-	+	+	-
	c	-	+	+	+

- Verstoß gegen Risikogrenze
+ kein Verstoß gegen Risikogrenze

Die Alternative 1 verstößt gegen zwei der drei Risikogrenzen, die Alternative 4 gegen eine. Sieht man von einer möglichen Modifikation ab, so scheiden die Alternativen 1 und 4 damit aus der weiteren Beurteilung aus. Die Wahl zwischen den Alternativen 2 und 3 hängt von der Gewichtung des Nettonutzens, des Risikos und von möglichen anderen Entscheidungskriterien ab (vgl. dazu die folgenden Kapitel).

Im Beispiel wurde angenommen, daß die einzelnen Einflußfaktoren voneinander unabhängig sind. Dies wird deutlich z. B. an der möglichen Zeitverzögerung (Einflußfaktor III), die bei den einzelnen Alternativen jeweils mit der gleichen Wahrscheinlichkeitsverteilung (0,7/0,2/0,1) eintritt – ohne Rücksicht auf die Wirkung der Einflußfaktoren I oder II.

In der Praxis kann aber zwischen einzelnen Einflußfaktoren durchaus eine Korrelation bestehen. So hätte die Analyse im behandelten Beispiel für die Alternative 1 ergeben können, daß bei einer unzureichenden Qualifikation der Systemkonzeption (I) auch die Berücksichtigung der speziellen Betriebsprobleme (II) mit einer Wahrscheinlichkeit von 0,6 unzureichend ist, während im anderen Falle diese Wahrscheinlichkeit nur bei 0,1 liegt. Der Zweig des Entscheidungsbaumes für die Alternative 1 hätte dann folgende Gestalt:

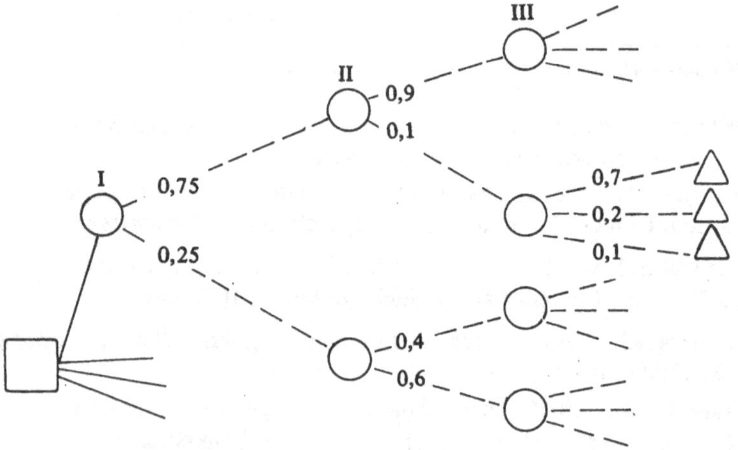

Abb. 21 Entscheidungsbaum

Die Realisation eines ADV-Projektes ist kein Prozeß, der durch eine einmalige Entscheidung in Gang gesetzt wird und in den man danach nicht mehr eingreifen kann. Vielmehr sind schon bei der Analyse des Projektes weitere mögliche Entscheidungen einzuplanen. Im Falle der Alternative 1 (vgl. Abb. 19) kann man beispielsweise annehmen, daß sich eine eventuelle Unzulänglichkeit der Systementwicklung bereits nach einem Jahr herausstellt. Dann hätte das Management folgende Alternativen zur Auswahl in einer Zwischenentscheidung (ZE):

1 1. unveränderte Weiterführung des Projektes
1 2. Hinzuziehung externer Berater
1 3. Einstellung der eigenen Arbeiten und
  1 3 1. Vergabe des Projektes an externe Spezialisten
  1 3 2. Kauf eines bereits bestehenden entsprechenden Systems
1 4. Abbruch des Projektes

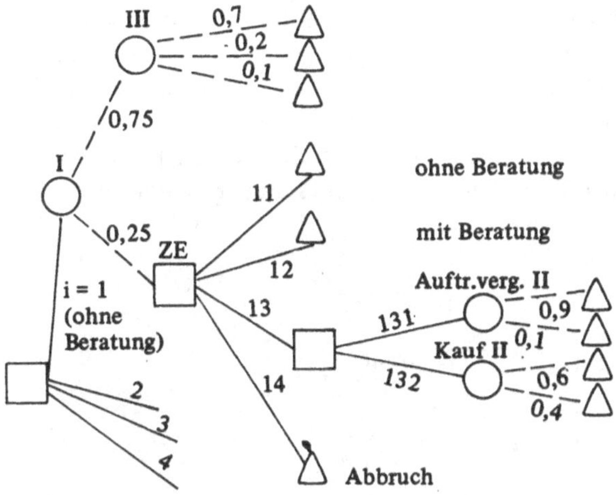

p_{ij}	Nettonutzen N_{ij}
0,525	+ 80
0,150	+ 45
0,075	+ 10
0,250	– 130
0,250	+ 5
0,225	+ 10
0,025	+ 95
0,150	+ 35
0,100	– 90
0,250	– 40 TDM

Abb. 22 Entscheidungsbaum mit Zwischenentscheidungen

In Abb. 22 ist der differenzierte Zweig eines Entscheidungsbaums für die Alternative 1 dargestellt. Dabei wurde der Einfachheit halber angenommen, daß das Risiko eines Zeitverzuges (III) für diese Fälle des Managementeingriffs mittels Zwischenentscheidungen vernachlässigt werden kann.

Die angeführten Ergebniswerte zeigen, daß bei der Zwischenentscheidung (ZE) die Alternativen 11 und 14 gegen die Risikobeschränkungen verstoßen, während die Alternativen 12, 131 und 132 zulässig sind. Die Alternative 1 wird durch diese Modifikation zu einer – im Gegensatz zu S. 77 – zulässigen Alternative, da man unterstellen kann, daß der Entscheidungsträger seine Wahl auf 12, 131 und 132 beschränken wird, falls die Zwischenentscheidung ZE erforderlich werden sollte.

Im untersuchten Beispiel wurde bisher unterstellt, daß die Einflußfaktoren diskreten Charakter haben. Die Wirkung der Einflußfaktoren können jedoch gelegentlich auch als kontinuierliche Wahrscheinlichkeitsverteilungen charakterisiert werden. Diese Tatsache kann auch im Entscheidungsbaum berücksichtigt werden: Die Verzweigung des Baums an einem Ereignisknoten in zwei oder mehrere Äste wird durch einen Ast ersetzt, der mit einer kontinuierlichen Wahrscheinlichkeitsverteilung gewichtet ist. Lediglich dort, wo zwischen einzelnen Einflußfaktoren Abhängigkeiten bestehen oder wo bei Überschreitungen einer kritischen Größe Zwischen-Entscheidungen stattfinden, bleiben Verzweigungen erhalten [63, S. B 244ff., insbes. S. B 252ff.]. Der Übergang von der diskreten zur kontinuierlichen Darstellungsform läßt deutlich werden, daß ein Entscheidungsbaum dann, statt analytisch berechnet, als Simulationsmodell betrieben werden kann[3]

Wenn die Bedeutung einzelner Kosten-/Nutzeneinflußfaktoren in erheblichem Maße vom Zeitpunkt ihres Wirksamwerdens abhängt, kann es sinnvoll sein, der Verzweigung periodische Strukturen zu überlagern. In Abb. 23 ist eine solche periodische Struktur für ein Beispiel skizziert, in dem Zeitpunkt und Ausmaß von Gehaltserhöhungen einen wesentlichen Einfluß auf die Wirtschaftlichkeitsrechnung ausüben. Die einzelnen Perioden können zur Grundlage einer Diskontierung gemacht werden.

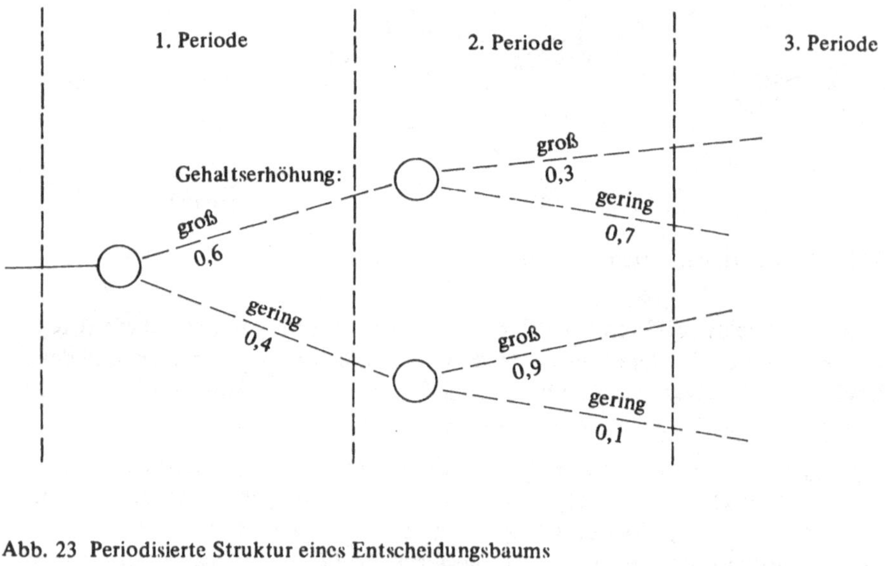

Abb. 23 Periodisierte Struktur eines Entscheidungsbaums

[3] Simulationsmodelle, die sich speziell mit der zeitlichen Unsicherheit von Projekten befassen, wurden in der stochastischen Netzplantechnik entwickelt, vgl. [85].

4.2.2 Entscheidungsprinzipien zur Berücksichtigung des wirtschaftlichen Risikos

Zweck der Analyse des wirtschaftlichen Risikos ist es, die möglichen Abweichungen des tatsächlichen Erfolges einer Projektalternative vom erwarteten Erfolg aufzuzeigen. So wie der Entscheidungsbaum in die möglichen Ergebnisfälle auffächert, so müssen diese Ergebnisse bei der Beurteilung einer neuen Synthese zugeführt werden. Es gilt, den geplanten Erfolg und das wirtschaftliche Risiko gegeneinander abzuwägen. Dabei können folgende Entscheidungshilfen benutzt werden:

a) Limitierung des zulässigen wirtschaftlichen Risikos:
Für eine erste Projektauswahl genügt es, das zulässige Risiko zu begrenzen. Eine derartige Limitierung ist ihrem Wesen nach ein Anspruchsniveau. Im vorausgehenden Kapitel (vgl. S. 77) wurde diese Art der Risikoerfassung verwendet.

b) Klassische Entscheidungsprinzipien:
Das Ziel der klassischen Entscheidungsprinzipien ist es, die Vielzahl der möglichen Ergebnisse auf einen charakteristischen Wert zu reduzieren. Im folgenden sollen die wichtigsten Prinzipien auf ihre Brauchbarkeit zur Beurteilung von Informationsprojekten geprüft werden. Auf S. 83 sind die Auswahlvorschläge zusammengestellt, die sich ergeben, wenn die folgenden Entscheidungsprinzipien auf das Beispiel der S. 77 angewandt werden.

b1) Minimax-Regel (auch Pessimisten- oder Wald'sche Regel)
Die Minimax-Regel orientiert sich am ungünstigsten aller möglichen Ergebnisse. Sie empfiehlt daher, die Alternative zu wählen, bei der dieser Wert im Vergleich zu den übrigen Alternativen noch am günstigsten ausfällt:

$$A_r \succ A_i, \quad \text{wenn} \quad \min_j e_{rj} > \min_j e_{ij}$$

wobei:

A_i, A_r	=	zur Auswahl stehende Projektalternativen
e_{ij}, e_{rj}	=	mögliche Ergebnisse der Projekte A_i bzw. A_r
$j = 1 \ldots k(i)$ bzw. $k(r)$	=	Index zur Numerierung der verschiedenen Ergebnisfälle innerhalb der Projektalternative A_i bzw. A_r

Die Minimax-Regel unterstellt eine feindliche Umwelt, wie man sie bei Konkurrenzsituationen vorfindet. Im Hinblick auf die Realisation eines Informationssystems scheint diese Annahme jedoch nicht sinnvoll zu sein.

b2) Bayes-Regel (μ-Regel)
Die Bayes-Regel empfiehlt, aus der Vielzahl der möglichen Ergebnisse für jede Projektalternative den Erwartungswert zu bestimmen und der Entscheidung zugrunde zu legen:

$$A_r \succ A_i, \quad \text{wenn} \quad \mu_r > \mu_i$$

wobei:

$$\mu_i = \cdot \sum_{j=1}^{k(i)} e_{ij} \cdot p_{ij} = \text{Erwartungswert der Alternative } A_i$$

p_{ij} = Wahrscheinlichkeit für das Eintreten des Ergebnisses e_{ij}

$$\sum_{j=1}^{k(i)} p_{ij} = 1{,}0$$

Die Bayes-Regel geht von einer neutralen Umwelt aus. Sie gewichtet Erfolg und Mißerfolg gleich stark. Dies ist bei wirtschaftlichen Entscheidungen der auf S. 73 angegebenen Kategorie a) gerechtfertigt. Bei der Risikoanalyse von Entscheidungen der Kategorie b) dagegen ist diese Regel weniger geeignet, da die möglichen schwerwiegenden Abweichungen gesondert gewichtet werden sollten.

b3) Hodges-Lehmann-Regel
Den Nachteil der Bayes-Regel versucht die Hodges-Lehmann-Regel durch eine zusätzliche Berücksichtigung des ungünstigsten Ergebnisses auszugleichen, indem sie den Erwartungswert und den ungünstigsten Wert gewichtet koppelt.

$$A_r \succ A_i, \quad \text{wenn:}$$

$$\lambda \cdot u_r + (1 - \lambda) \cdot \min_j e_{rj} > \lambda \cdot u_i + (1 - \lambda) \cdot \min_j e_{ij}$$

Die Hodges-Lehmann-Regel kann als Linearkombination der Minimax- und der Bayes-Regel angesehen werden. Dabei stellt λ einen subjektiven Vertrauens- bzw. Optimismusparameter dar (zunehmendes λ entspricht nehmendem Optimismus). Diese Hodges-Lehmann-Regel dürfte zur Auswahl von ADV-Projektalternativen mit unterschiedlichem wirtschaftlichem Erfolg und Risiko besonders geeignet sein.

b4) (μ, σ)-Kriterium
Andere Modifikationen der Bayes-Regel mit dem Ziel, das wirtschaftliche Risiko zu berücksichtigen, stellen die (μ, σ)-Kriterien dar. Sie bilden aus dem Erwartungswert μ und der Standardabweichung σ ‚Sicherheitsäquivalente' für die einzelnen Projektalternativen. Diese Regeln werden vor allem in Computer-Programmen eingesetzt[4].

$$A_r \succ A_i, \quad \text{wenn } f(\mu_r, \sigma_r) > f(\mu_i, \sigma_i)$$

mit: $\sigma_i^2 = v_i = \sum_{j=1}^{k(i)} p_{ij} \cdot (e_{ij} - \mu_i)^2$ = Varianz der k(i) möglichen Ergebnisse von A_i

[4] In Kap. 4.4 ist hierzu ein Beispiel angegeben.

$\phi[(e_{krit} - \mu_i)/\sigma_i]$ = Wahrscheinlichkeit, daß $e_{ij} < e_{krit}$

e_{krit} = Anspruchsniveau

α = Sicherheitsparameter

kann gewählt werden:

a) $f(\mu_i, \sigma_i) = \mu_i/\sigma_i$

b) $f(\mu_i, \sigma_i) = \mu_i - \alpha \cdot \sigma_i^2$

c) $f(\mu_i, \sigma_i) = \mu_i - \alpha \cdot \phi[(e_{krit} - \mu_i)/\sigma_i]$

Die Standardabweichung kann entweder unmittelbar geschätzt werden – was problematisch ist – oder sie kann unmittelbar aus den diskreten Ergebnissen des Entscheidungsbaumes oder durch Simulation bestimmt werden.

b5) Auswahlvorschläge der verschiedenen Entscheidungsregeln
Werden die Entscheidungsregeln b1) bis b4) auf das Beispiel S. 77 angewandt, so ergeben sich die folgenden Reihenfolgen bezüglich der Projektauswahl:

i	I $\min_j e_{ij}$	b1) Minimax	II μ_i	b2) Bayes	$\lambda \cdot II + (1 - \lambda) \cdot I$ mit: $\lambda = 0,8$	b3) Hodges	σ_i	μ_i/σ_i	b4) (μ, σ)
1	− 170	4	+ 15	4	− 22	4	91	0,16	4
2	+ 5	1	+ 61	1	+ 50	1	51	1,2	1
3	− 70	3	+ 60	2	+ 34	3	59	1,0	2
4	− 30	2	+ 51	3	+ 35	2	66	0,77	3
	TDM		TDM		TDM		TDM		

c) Risikobewertung mit Hilfe der Nutzenfunktion:

Anstelle der klassischen Entscheidungsprinzipien (b)) kann die Beurteilung des Risikos auch über den Nutzwert erfolgen. In diesem Fall wird jedem möglichen Ergebnis e_{ij} des Projektes A_i mit Hilfe einer Nutzenfunktion φ ein Nutzwert n_{ij} zugeordnet. Die Entscheidung über die Projektauswahl basiert dann auf dem Erwartungswert der Nutzwerte eines Projektes.

$A_r \succ A_i$, wenn:

$$\sum_{j=1}^{k(r)} p_{rj} \cdot n_{rj} > \sum_{k=1}^{k(i)} p_{ij} \cdot n_{ij}$$

$$= \sum_{j=1}^{k(r)} p_{rj} \cdot \varphi(e_{rj}) \qquad = \sum_{j=1}^{k(i)} p_{ij} \cdot \varphi(e_{ij})$$

Die Gestalt der Nutzenfunktion berücksichtigt dabei eine unterschiedliche Gewichtung günstiger und weniger günstiger Ergebnisse (vgl. Abb. 24). Die transformierten Werte enthalten einen Risikoabzug, der das Sicherheitsstreben des Entscheidungsträgers berücksichtigt. Als Auswahlkriterium ist daher nur noch das einfache μ-Kriterium, angewandt auf die transformierten Werte n_{ij}, sinnvoll.

Da die Bedeutung des wirtschaftlichen Risikos von jedem Entscheidungsträger unterschiedlich gewertet wird, muß die Nutzenfunktion auch für jeden Entscheidungsträger individuell empirisch durch Testentscheidungen ermittelt werden [vgl. 83; 39, S. 67ff.].

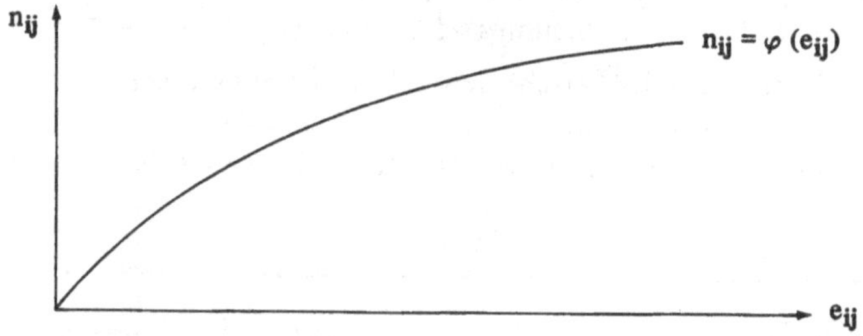

Abb. 24 Nutzenfunktion

4.3 Nutzwertanalyse, angewandt auf die Debitorenbuchhaltung

In diesem Abschnitt wird am Beispiel der Reorganisation einer Debitorenbuchhaltung gezeigt, wie die Nutzwertanalyse (vgl. Kap. 2.3.4) zur Auswahlentscheidung über einzelne Projektalternativen im Bereich des Informationswesens eingesetzt werden kann.

4.3.1 Problemstellung des Beispiels

Das Beispiel entspricht weitgehend einem praktischen Analysefall, wurde jedoch aus methodischen und didaktischen Gründen vereinfacht und modifiziert. Zur Auswahl stehen drei Alternativen:

a) Debitorenbuchhaltung mit einem ADV-System unter Verwendung von Bildschirmgeräten als Ein-/Ausgabegeräte

b) Debitorenbuchhaltung mit einem ADV-System unter Verwendung von Magnetbandkassetten-Datenerfassungsgeräten

c) Debitorenbuchhaltung durch manuelle Bearbeitung (bisheriges Verfahren)

zu a)
Die Dateneingabe erfolgt entweder über bereits von anderen Programmen als output erstellte Datenträger (Magnetband, Magnetplatte) oder über die Bildschirmeinheiten. Schon auf Datenträgern verfügbar sind beispielsweise aufgrund der vorgeschalteten maschinellen Auftragsbearbeitung die Daten bezüglich Rechnungen, Gutschriften und Nachbelastungen. Vom Bildschirm aus ist vor allem die Zahlungseingangsbearbeitung vorzunehmen. Zu diesem Zweck werden den Zahlungsbelegen entsprechende Daten, wie Kunden-Nr. und auszugleichender Offen-Posten-Betrag, entnommen und über den Bildschirm eingegeben, um zum Beispiel Offene-Posten zu löschen.

Ferner erfolgt die Erfassung von Neukunden sowie die Korrektur automatisch vom Programm erstellter Mahnungen über die Bildschirmeinheiten.

Als Datenausgabe werden vor allem das Rechnungsausgangsjournal, das Zahlungseingangsjournal und die Mahnungen erstellt.

zu b)
Ähnlich wie bei der Bildschirmversion gestaltet sich auch die computer-orientierte Debitorenbuchhaltung mit Magnetbandkassetten-Eingabe, soweit die Eingabe- und Ausgabedaten betrachtet werden. Auch erfolgt eine Eingabe mit Hilfe von output-Datenträgern des Programmkomplexes ‚Auftragsbearbeitung', ebenso wie im Verfahren a). Die Daten der Zahlungseingangsbelege dagegen werden nicht über Bildschirm direkt in die Zentraleinheit eingegeben, sondern über den Umweg der Datenerfassung auf Magnetbandkassetten.

zu c)
Die bisherige manuelle Debitorenbuchhaltung machte die Beschäftigung von 34 Mitarbeitern erforderlich.

In einer ersten Phase der Auswahlanalyse werden die drei möglichen Verfahren auf ihre Wirtschaftlichkeit hin untersucht. Eine zweite Phase wird dann weitere Kriterien heranziehen, um zu Entscheidungen mit Hilfe einer Nutzwertanalyse zu gelangen.

4.3.2 Wirtschaftlichkeitsaspekte

Der Personalbedarf reduziert sich nach einer Schätzung von 34 Mitarbeitern bei manueller Debitorenbuchhaltung auf 12 Mitarbeiter bei der Bildschirmversion und 15 Mitarbeiter bei der Magnetbandversion. Die freigestellten Mitarbeiter werden vor allem den unteren Gehaltsstufen angehören, so daß sich die Arbeitsplatzkosten in den Fällen a) und b) nicht im gleichen Verhältnis wie die Mitarbeiterzahl gegenüber c) reduzieren werden. Die Real-Time-Betriebsart im Fall a) macht zusätzliche Speicherkapazität im Haupt- und Externspeicher erforderlich. Diese zusätzlichen Speicherkosten wurden unter dem Aspekt eines Zweischichtbetriebs angesetzt. Für die Maschinenstunde werden 470,– DM angesetzt, wobei im Fall a) 20 Stunden pro Monat und im Fall b) 35 Stunden zu veranschlagen sind. Weitere Kosten entstehen durch die Bildschirmeinrichtungen (Fall a)) oder die Miete der Magnetband-Erfassungsgeräte (Fall b)). Der zusammengefaßte Kostenvergleich lautet:

Debitorenbuchhaltung mit:	Bildschirm-einrichtungen a)	Magnetband-Daten-erfassung b)	manueller Bearbeitung c)
1. Arbeitsplatzkosten (Gehalt, Arbeitgeberanteile, Raumkosten)	(12 Personen) 214 800 DM	(15 Personen) 268 500 DM	(34 Personen) 444 700 DM
2. zusätzliche Speicherkosten:			
a) Hauptspeicher	53 700 DM		
b) Externspeicher	43 500 DM		
3. Maschinenbelastung (470 DM/h)	(20h/Monat) 112 800 DM	(35h/Monat) 197 400 DM	
4. Bildschirmeinrichtungen			
a) Steuereinheit	29 300 DM		
b) Bildschirmgeräte	32 800 DM		
5. Magnetband-Datenerfassungsgeräte		13 300 DM	
gesamte Jahreskosten:	486 900 DM	479 200 DM	444 700 DM

Es zeigt sich, daß bei einer reinen Kostenvergleichsrechnung die manuelle Bearbeitung um 42 200 DM bzw. 34 500 DM niedriger liegt als die computer-betriebene Debitorenbuchhaltung mit Bildschirmgeräten bzw. mit Magnetband-Erfassungsgeräten. Da die Entscheidung aber außer von den Mehrkosten und Einsparungen von weiteren Nutzeneinflußgrößen abhängt, erscheint es sinnvoll, diese zum Teil nicht in DM meßbaren Einflußgrößen als Entscheidungskriterien in eine Nutzwertanalyse aufzunehmen.

4.3.3 Nutzwertanalyse

Die hier anzustellende Nutzwertanalyse wendet einen einstufigen Zielkriterienkatalog mit acht Beurteilungskriterien an. Eine besondere Bedeutung ist den Steuerungs- und Kontrollmöglichkeiten bei den Aufgaben der Debitorenbuchhaltung beizumessen.

j	Abb. 26 Zielkriterienkatalog	Gewicht g_j Σ
1	Steuerungs- und Kontrollmöglichkeiten für Sachbearbeiter	20
2	Steuerungs- und Kontrollmöglichkeiten für die Revision	15
3	Kostenaspekte (vgl. vorausgehendes Kapitel 4.3.2)	15
4	Schnelligkeit bei der Informationsbereitstellung	10
5	Möglichkeit der Echtzeit-Verarbeitung	10
6	Verarbeitungszeit der ADV-Anlage	10
7	(einmaliger) Programmieraufwand	10
8	(laufender) Personaleinsatz	10
		100

Beim nächsten Schritt wäre die Zielertragsmatrix zu erstellen. Ihre Elemente würden beschreiben, bis zu welchem Grade jedes Kriterium bei jeder Verfahrensalternative a), b), c) zur Debitorenbuchhaltung voraussichtlich erfüllt werden kann. Die Zielertragsmatrix wird hier nicht explizit wiedergegeben. Vielmehr soll unmittelbar die Zielwertmatrix mit ihren Ergebnissen der Bewertung bezüglich der acht Kriterien für jedes der drei Verfahren a), b), c) angeführt werden.

Kriterium j	1	2	3	4	5	6	7	8	Σ	Reihenfolge
Gewicht g_j	20	15	15	10	10	10	10	10	100	
Alternativen a)	20	8	5	10	8	6	3	10	70	1
Alternativen b)	12	15	9	6	2	4	5	8	61	3
Alternativen c)	15	12	15	4	0	10	9	1	66	2

Abb. 27 Kardinale Zielwertmatrix

Das Ergebnis der Nutzwertanalyse bei einer gewichteten additiven Auswertung (Additionsregel) der Zielwertmatrix lautet:
Aufgrund der angeführten Kriterien und deren Gewichtung ist das Bildschirm-Verfahren der manuellen Debitorenbuchhaltung und diese dem Verfahren mit Magnetband-Datenerfassung vorzuziehen.

4.3.4 Logikansatz zur Entscheidungsfindung

Die Spaltenergebnisse der Zielwertmatrix können nicht allein mit Hilfe der Additionsregel zu einem Gesamt-Nutzenwert gekoppelt werden, um eine Rangfolge der Alternativen zu ermitteln. Eine Vielzahl anderer Entscheidungsregeln werden angeboten[5]. Im folgenden soll ein Logikansatz als Entscheidungsregel verwendet

[5] vgl. z. B. das Beispiel in [50, S. 287].

werden[6]. Dieser Logikansatz basiert auf der disjunktiven (v) und konjunktiven (∧) Verknüpfung der Zielwerte der einzelnen Kriterien, so wie es das Anspruchsniveau des Entscheidungsträgers verlangt.

Das Anspruchsniveau könnte beispielsweise lauten: Gesucht wird das Verfahren aus den drei Alternativen a), b), c), das entweder Kriterium 4 (Schnelligkeit) oder/und Kriterium 5 (Echtzeitbetrieb) möglichst gut erfüllt, gleichzeitig aber gute Eigenschaften bezüglich Kriterium 6 (Computer-Zeit) oder/und Kriterium 7 (Programmieraufwand) oder/und Kriterium 8 (Personaleinsatz) aufweist. Ferner ist zusätzlich darauf zu achten, daß sowohl Kriterium 1 als auch Kriterium 2 oder/und Kriterium 3 (Kostenaspekte) möglichst günstige Zielwerte erreichen. Diese Entscheidungsregel läßt sich auch als Logikansatz formulieren:

$$\max_{a)\,b)\,c)} \; [(1 \wedge 2) \vee 3] \wedge (4 \vee 5) \wedge (6 \vee 7 \vee 8)$$

Die Zahlen stehen stellvertretend für die eigentlich einzutragenden Zielwerte der zugehörigen Kriterien. Für das Alternativverfahren a) ergibt sich mit Hilfe der zugehörigen Zeile oben angegebener Zielwertmatrix:

$$[(20 \wedge 8) \vee 5] \wedge (10 \vee 8) \wedge (6 \vee 3 \vee 10)$$

Zur Auflösung derartiger Ausdrücke ist folgendes zu beachten:

a) Disjunktiv verknüpfte Zielwerte können durch den maximalen Wert ersetzt werden. Dies erscheint plausibel, da das disjunktive Anspruchsniveau schon mit einem Kriterium erfüllt ist und dann natürlich mit dem Kriterium des größten Zielwertes.

b) Das Anspruchsniveau eines konjunktiven Ausdrucks ist gleichzusetzen mit dem kleinsten Zielwert, da das gleichzeitige Erreichen des Niveaus durch alle auftretenden Kriterien gefordert ist.

Die Auswertung für den Fall a) lautet demnach, ausgehend von der schon entwickelten Formel:

$$\begin{array}{l}
[(20 \wedge 8) \vee 5] \wedge (10 \vee 8) \wedge (6 \vee 3 \vee 10) \\
[\quad 8 \;\vee 5] \wedge 10 \quad \wedge \quad 10 \\
\quad 8 \quad \wedge 10 \quad \wedge \quad 10 \\
\quad 8
\end{array}$$

Das Verfahren a) erfüllt damit das Anspruchsniveau mit dem Nutzwert 8.

Für den Fall b) gilt:

$$\begin{array}{l}
[(12 \wedge 15) \vee 9] \wedge (6 \vee 2) \wedge (4 \vee 5 \vee 8) \\
[\,12 \quad \vee 9] \wedge 6 \quad \wedge \quad 8 \\
\;12 \quad \wedge 6 \quad \wedge \quad 8 \\
\qquad 6
\end{array}$$

Das Verfahren erreicht den Nutzwert 6.

6 Ein Beispiel zu einem derartigen Ansatz findet sich in [48, S. 142–145].

Das Verfahren c) ergibt:

$$
\begin{array}{llll}
[(15 \wedge 12) \vee 15] & \wedge (4 \vee 0) & \wedge (10 \vee 9 \vee 1) \\
[\quad 23 \quad 15] & \wedge\ 4 & \wedge\ 10 \\
\quad 15 & \wedge\ 4 & \wedge\ 10 \\
 & \ \ 4 &
\end{array}
$$

Das manuelle Verfahren, nämlich c), erreicht nur den Wert 4. Dies liegt an der bindenden Bedingung nach hoher Aktualität der Information, wie sie in der Entscheidungsregel formuliert wurde. Diese Bedingung (Kriterium 4 oder/und 5) erfüllt natürlich gerade der Fall c) nur unzureichend.

Mit dem oben formulierten Anspruchsniveau lautet nun die Rangfolge der zur Wahl stehenden Arbeitsverfahren zur Debitorenbuchhaltung: a) vor b) vor c).

Im Vergleich zum Ergebnis mit der Additionsregel änderte sich die Rangfolge von b) und c).

4.4 Auswahl eines optimalen Projektbündels bei kapazitiven Beschränkungen

4.4.1 Problematik

Beim Aufbau eines computer-orientierten Informationssystems können sich Engpässe ergeben, die eine gleichzeitige Realisation aller als wirtschaftlich erkannten Projekte unmöglich machen. Solche Engpässe können z. B. sein:

a) finanzwirtschaftlicher Art
Aufgrund der allgemeinen finanzwirtschaftlichen Lage der Unternehmung kann für die Entwicklung eines computer-orientierten Informationssystems nur ein im Verhältnis zum Bedarf zu kleines Budget zur Verfügung stehen.

b) personeller Art
Die personelle Kapazität reicht für die Realisierung aller geplanter ADV-Projekte nicht aus. Eine personelle Kapazitätserweiterung ist jedoch kurzfristig personalpolitisch nicht erwünscht (z. B. gleichzeitige Entlassungen in anderen Teilbereichen des Unternehmens) oder aufgrund der allgemeinen Arbeitsmarktlage nicht im erforderlichen Umfange möglich.

c) risikopolitischer Art
Das wirtschaftliche Risiko aller gleichzeitig zu realisierenden Projekte darf kumuliert ein vorgegebenes Limit nicht überschreiten.

Kommen derartige Engpässe zur Wirkung, so gilt es, nicht nur die Wirtschaftlichkeit der einzelnen Projekte zu analysieren und gegebenenfalls die günstigste Alternative zu ermitteln, sondern es muß zugleich die günstigste Projektkombination bestimmt werden.

4.4.2 Auswahl des Projektbündels mit Effizienzzahlen

Das einfachste Vorgehen in dieser Situation ist es, den Erfolg des Projektes zu der jeweiligen Beanspruchung des kritischen Engpaßfaktors ins Verhältnis zu setzen und aufgrund der so ermittelten Effizienz der Faktorausnutzung eine Präferenzordnung zwischen den Projekten aufzustellen.

Beispiel:
Es mögen fünf verschiedene Projekte zur Verwirklichung anstehen. Die personelle Kapazität von 60 Mannmonaten reiche für die gleichzeitige Realisation aller Projekte nicht aus, kann aber kurzfristig nicht erweitert werden. Der Nettonutzen, der Personalbedarf und die Effizienz der einzelnen Projekte seien in Tab. Abb. 28 dargestellt:

Projekt	Nettonutzen r_i (TDM)	Personalbedarf w_i (Mannmonate)	Effizienz r_i/w_i
1	40	30	1,33
2	15	10	1,5
3	27	20	1,35
4	24	10	2,4
5	22	20	1,1

Tab. Abb. 28

Aufgrund der Effizienzzahlen ergibt sich folgende Rangfolge der Projekte:

4 – 2 – 3 – 1 – 5

Geht man von dieser Präferenzordnung aus, so können im Planungszeitraum bei einer ersten Betrachtung die Projekte 4, 2 und 3 verwirklicht werden:

i	4	2	3	1	5
w_i	10	20	40	70	90

Bei einer Hinzunahme von Projekt 1 wird die Personalkapazität um 10 Mannmonate überschritten. Projekt 1 muß daher entweder modifiziert werden (z. B. nur teilweise Realisation im Planungszeitraum), was in der Regel zu einer Veränderung der Wirtschaftlichkeit des Projektes führt, oder die Realisation von Projekt 1 wird zurückgestellt. Im zweiten Fall bliebe Kapazität frei, die jedoch zur Realisation des (kleineren) Projektes 5 verwandt werden kann. Der gesamte Nettonutzen (Projekte 4, 2, 3, 5) ergibt sich dann zu 88 TDM.

Nachteile bei dieser Vorgehensweise:

a) Es ist nicht gewährleistet, daß die ausgewählte Projektkombination das optimale Projektbündel ist. Im angeführten Beispiel ist z. B. die Kombination 4 – 3 – 1 mit einem Gesamt-Nettonutzen von 91 TDM günstiger und verstößt keineswegs gegen die Kapazitätsrestriktionen.

b) Es kann bei diesem Verfahren nur ein Engpaßfaktor berücksichtigt werden.

4.4.3 Auswahl des optimalen Projektbündels mit Hilfe eines Branch and Bound'-Algorithmus

Im folgenden soll ein einfacher, auch manuell leicht zu handhabender und zugleich sehr anpassungsfähiger ‚Branch and Bound'-Algorithmus (BB-Algorithmus) zur Auswahl des optimalen Projektbündels dargestellt werden. Das Beispiel des vorangegangenen Kapitels soll dabei zur Veranschaulichung dienen.

Der Algorithmus geht von dem Gedanken aus, die Restriktion zunächst zu vernachlässigen und den dadurch gemachten Fehler im weiteren Verlauf wieder rückgängig zu machen.

Ohne eine Restriktion ergibt sich der insgesamt mögliche Erfolg (Nettonutzen) b_o als die Summe der Erfolge der einzelnen zur Auswahl stehenden Projekte ($b_o = \sum_i r_i$). Entscheidet man sich nun im Zuge des Auswahlprozesses gegen die Verwirklichung eines Projektes, so scheidet dieses Projekt aus der Gruppe der zur Realisation anstehenden Projekte aus, und das Erfolgspotential vermindert sich um den Betrag dieses Projektes. Dagegen wird durch eine Entscheidung für die Verwirklichung eines Projektes das Erfolgspotential nicht vermindert. Umgekehrt verhält es sich mit der verfügbaren Faktorkapazität: Mit der Entscheidung für die Verwirklichung eines Projektes wird die noch freie Kapazität um einen entsprechenden Betrag vermindert, bei der Entscheidung gegen ein Projekt bleibt sie unverändert.

Auf dieser Grundlage läßt sich das Auswahlproblem in Form eines symmetrischen Baumes darstellen (vgl. Abb. 29):

Jede Verzweigungsstufe entspricht der Entscheidung über die Verwirklichung oder Nichtverwirklichung eines Projektes. Bei fünf zur Auswahl stehenden Projekten ergeben sich also fünf Verzweigungsstufen.

Die Verzweigung wird nicht generell durchgeführt, sondern sie erfolgt schrittweise jeweils an dem Ast, an dem das Rest-Potential am höchsten ist (→ ‚Branching').

Äste, mit denen die zur Verfügung stehende Kapazität überschritten wird, werden abgeschnitten (→ ‚Bounding').

Die Lösung des Problems ist gefunden, wenn eine weitere Verzweigung nach der obigen Regel nicht mehr möglich ist; wenn also der Ast mit dem höchsten Rest-Potential alle Entscheidungsstufen durchlaufen hat.

Es sei:

i = Nummer des Projektes

j = Nummer des Knotens am Ende des berechneten Astes

Beispiel:

i	r_i	w_i
1	40	30
2	15	10
3	27	20
4	24	10
5	22	20

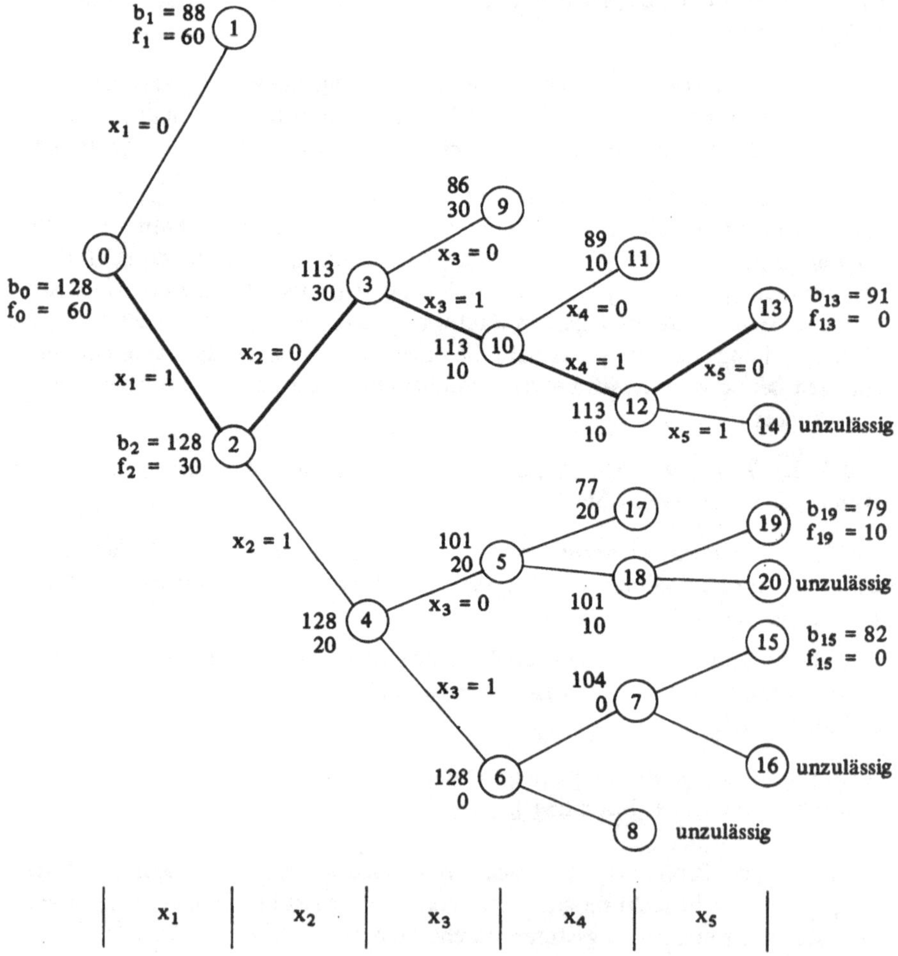

Abb. 29 Die Numerierung der Knoten in dieser ‚Branch-and-Bound'-Darstellung gibt die Reihenfolge an, in der der Baum durchlaufen wird. Lösung: verstärkter Zweig

x_i = Variable, die die Entscheidung über das i-te Projekt beschreibt:
$x_i = 0$, wenn das i-te Projekt *nicht* verwirklicht wird,
$x_i = 1$, wenn das i-te Projekt verwirklicht wird.

r_i = der Erwartungswert für den Nettonutzen des Projektes i

b_o = das Potential für den Nettonutzen ohne Berücksichtigung einer kapazitiven Beschränkung

$$b_o = \sum_i r_i$$

b_j = das am Knoten j aufgrund der vorausgehenden Entscheidungen verbliebene Rest-Potential

$$b_j = b_o - \sum_{k=1}^{i} r_k(1 - x_k)$$

w_i = die Kapazitätsbeanspruchung durch das Projekt i

f_o = die Kapazitätsschranke

f_j = die am Knoten j aufgrund der vorausgehenden Entscheidungen noch verfügbare Rest-Kapazität

$$f_j = f_o - \sum_{k=1}^{i} w_k \cdot x_k$$

Problemformulierung:

$$\max ! \sum_i r_i \cdot x_i$$

$$\text{so daß } f_o - \sum_i w_i x_i \geqslant 0, \quad x_i = \{0, 1\}$$

Verfahrensvorschrift:
Verzweige immer an *dem* Knoten mit $f_j \geqslant 0$, für den b_j maximal ist.
Optimalitätskriterium:
Eine weitere Verzweigung nach der Verfahrensvorschrift ist nicht mehr möglich.

Im betrachteten Beispiel ergibt der Algorithmus als Lösung die Projektkombination (1, 3, 4) mit einem Gesamt-Nettonutzen von 91 TDM. Dies ist zugleich die optimale Lösung des Problems.

Der dargestellte Algorithmus hat im Vergleich zur Projektauswahl aufgrund der Effizienzzahlen die Vorteile:

1. Er ermittelt die optimale Projektkombination (optimal im Hinblick auf die berücksichtigten Beurteilungskriterien).
2. Mit ihm können mehrere unterschiedliche kapazitive Restriktionen berücksichtigt werden.

Neben dem dargestellten gibt es weitere BB-Algorithmen, die zur Lösung dieses Problems herangezogen werden können, z. B. ein Ansatz von Kolesar [69], der nicht die Restriktion, sondern die im Problem enthaltene Unteilbarkeits-Nebenbedingung zunächst aufhebt und diese Maßnahme im weiteren Verlauf wieder rückgängig macht.

4.4.4 Auswahl des optimalen Projektbündels mit Hilfe des Dynamischen Programmierens

Eine weitere Möglichkeit, aus verschiedenen zur Realisierung anstehenden ADV-Projekten ein optimales Projektbündel auszuwählen, bietet das Dynamische Programmieren (DP). Es soll im folgenden an einem Beispiel ein entsprechender Algorithmus dargestellt werden [vgl. 5, S. 3ff., insbes. S. 52ff.; 27, S. 151ff.]. Auf die Grundprinzipien des DP kann jedoch im Rahmen dieser Arbeit nicht eingegangen werden [vgl. u. a. 32].

In diesem Algorithmus sollen berücksichtigt werden:

a) der Nettonutzen, der bei der Projektrealisation erzielt werden soll,
b) das wirtschaftliche Risiko, das mit der Projektrealisation verbunden ist,
c) die (finanzielle, maschinelle oder personelle) Kapazitätsbeanspruchung durch das Projekt.

Die Kennzeichnung des wirtschaftlichen Risikos muß so erfolgen, daß sich das Risiko des Projektbündels durch Addition aus den Risikowerten der einzelnen Projekte bestimmen läßt. Bei dem betrachteten Beispiel ist angenommen worden, daß die Varianz des Nettonutzens als Risikokenngröße dient. Die Varianz kann z. B. geschätzt oder in einer Risikoanalyse mit Hilfe des Entscheidungsbaumes einer Alternative bestimmt werden.

Es sei:

N = Zahl der Projekte i
r_i = der Nettonutzen, der mit dem Projekt i erzielt werden soll
v_i = das wirtschaftliche Risiko bei der Verwirklichung des Projektes i (im Beispiel die Varianz des Nettonutzens)
w_i = die Kapazitätsbeanspruchung durch das Projekt i
R = der Nettonutzen des ausgewählten Projektbündels
V = wirtschaftliches Risiko des ausgewählten Projektbündels
W = durch das ausgewählte Projektbündel benötigte Kapazität
V_{max} = das maximal zulässige wirtschaftliche Risiko des Projektbündels (muß erst nach Abschluß der Rechnungen explizit bestimmt werden)
W_{max} = die maximal verfügbare Kapazität
x_i = die Kennzeichnung der Entscheidung über das Projekt i:
$x_i = 1$ das Projekt i wird verwirklicht,
$x_i = 0$ das Projekt i wird nicht verwirklicht
x_i^o = optimale Auswahlentscheidung bzgl. Projekt i (bei gegebenem λ)
λ = ein Parameter des Lösungsverfahrens

Das Auswahlproblem läßt sich dann wie folgt formulieren:

$$\max!\ R = \sum_{i}^{N} r_i x_i$$

$$\text{so daß} \quad \sum_{i}^{N} v_i x_i \leq V_{max}$$

$$\sum_{i}^{N} w_i x_i \leq W_{max}$$

$$x_i = \{0; 1\}$$

Zur Lösung des Problems wird die Risikorestriktion über einen Parameter λ mit der Zielfunktion verknüpft:

$$\max!\ (\sum_{i} r_i x_i - \lambda \sum_{i} v_i x_i)$$

Der Faktor λ ist dabei ein Parameter für die Bedeutung, die dem Risiko beigemessen wird (λ klein → risikofreudig, λ groß → risikoscheu).

Die Problemlösung erfolgt mit Hilfe des DP:

Transformationsgleichung:

$$f_i(w) = \max\ [r_i x_i - \lambda v_i x_i + f_{i-1} (w - w_i x_i)]$$
$$x_i = \{0; 1\}$$

mit: $x_i = 0$, wenn $w < w_i$,
$f_0(w) = 0$,
$f_i(0) = 0$.

wobei: w = Kapazitätsparameter, der in Schritten von Δw erhöht wird. $0 \leq w \leq W_{max}$
λ = Risikoparameter $0 = \lambda \ (= \lambda_{max})$

Der Algorithmus läßt sich am deutlichsten durch ein Flußdiagramm darstellen (Abb. 30, S. 96)

Als Lösung erhält man eine Tabelle, in der für verschiedene λ die jeweils optimale Projektkombination zusammen mit dem erwarteten Gesamt-Nettonutzen, dem Gesamt-Risiko und der gesamten Kapazitätsbeanspruchung angegeben wird:

Beispiel (vgl. auch 4.4.2, 4.4.3)

Projekt i	Nettonutzen r_i (TDM)	wirtsch. Risiko v_i	Kapazitäts-Bedarf w_i
1	40	25	30
2	15	12	10
3	27	9	20
4	24	64	10
5	22	1	20

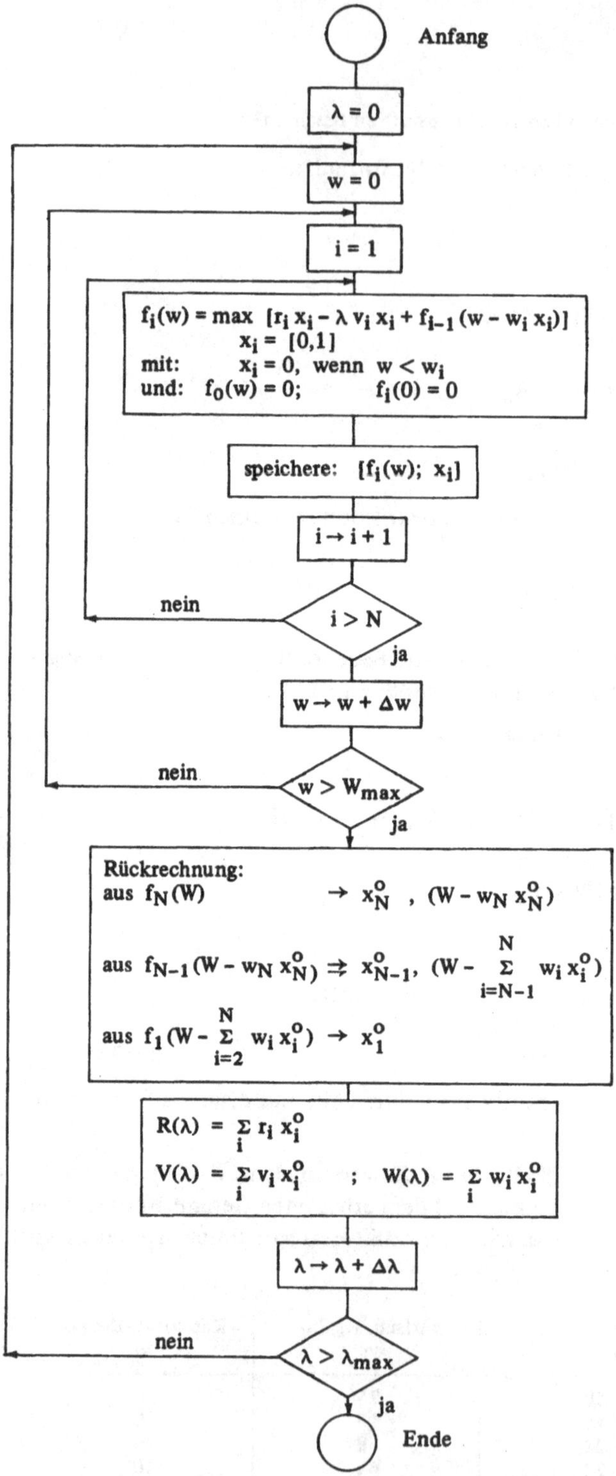

Abb. 30 Dynamischer-Programmierungs-Algorithmus zur optimalen Auswahl eines ADV-Projektbündels bei kapazitiver Restriktion

Lösung für $W \leq W_{max} = 60$

λ	x_1	x_2	x_3	x_4	x_5	R	V	W
$0 \leq \lambda \leq 0{,}173$	1		1	1		91	98	60
$0{,}173 \leq \lambda \leq 0{,}625$	1	1	1			82	46	60
$0{,}625 \leq \lambda \leq 0{,}8125$	1	1			1	77	38	60
$0{,}8125 \leq \lambda \leq 1{,}25$		1	1		1	64	22	50
$0{,}125 \leq \lambda \leq 3{,}0$			1		1	49	10	40
$3{,}0 \leq \lambda \leq 22$					1	22	1	20

Die Lösung für sehr kleine λ ($\lambda \leq 0{,}173$) d. h. bei sehr großer Risikobereitschaft ist identisch mit der Lösung in Kap. 4.4.3, bei der das Risiko nicht berücksichtigt wurde.

Mit zunehmender Risikoscheu (wachsendes λ) ist der Gesamt-Nettonutzen rückläufig. Von einem kritischen λ-Wert an ($\lambda \geq 0{,}8125$) wird darüber hinaus die zur Verfügung stehende Kapazität W_{max} durch die optimalen Projektkombinationen nicht mehr voll ausgenutzt.

Der Rechenaufwand dieses Algorithmus' liegt bedeutend über dem des im vorangegangenen Kapitel dargestellten BB-Algorithmus. Er liefert dafür aber eine tabellarische Zusammenstellung der optimalen Projektkombinationen in Abhängigkeit von der Risikobereitschaft, d. h. eine Art von Sensitivitätsanalyse.

Der entscheidende Vorteil dieses Algorithmus' ist jedoch eine Erweiterungsmöglichkeit derart, daß innerhalb der einzelnen Projekte mehrere Modifikationen bei der Auswahl des optimalen Projektbündels berücksichtigt werden können. Dies kann z. B. von Interesse sein, wenn die Systementwicklung für einen Aufgabenbereich durch betriebseigenes Personal oder durch eine Beraterfirma durchgeführt werden kann.

Das Problem lautet dann [27, S. 152]:

$$\text{max! } R = \sum_{i=1}^{N} \sum_{j=1}^{M} r_{ij}\, x_{ij}$$

$$\text{so daß } \sum_{i=1}^{N} \sum_{j=1}^{M} v_{ij}\, x_{ij} \leq V_{max}$$

$$\sum_{i=1}^{N} \sum_{j=1}^{M} w_{ij}\, x_{ij} \leq W_{max}$$

$$\sum_{j=1}^{M} x_{ij} \leq 1 \qquad x_{ij} = \{0; 1\}$$

mit

	$i = 1, \ldots, N$	Index für die verschiedenen Projekte
	$j = 1, \ldots, M(i)$	Index für die verschiedenen Modifikationen innerhalb des Projektes i

Der Lösungsalgorithmus zu dieser erweiterten Problemstellung ist analog zu dem auf S. 96 angegebenen Algorithmus.

5 Innerbetriebliche Informations-Leistungsverrechnung

5.1 Vorgehensweise

Es ist charakteristisch für ein computer-orientiertes Informationssystem, daß ein Teil der Informationsverarbeitung aus den betrieblichen Funktionsbereichen ausgegliedert und einer zentralen Informationsabteilung (ADV-Abteilung) übertragen wird. Diese Informationsabteilung übt eine innerbetriebliche Dienstleistungsfunktion aus, da ihr Produkt ‚Information' fast ausschließlich innerbetrieblich verwandt wird.

Es liegt daher nahe, die Kosten der Informations-Abteilung im Rahmen der innerbetrieblichen Leistungsverrechnung auf die Abteilungen der Informationsempfänger umzulegen. Aufgrund der organisatorischen Integration sowohl bei der Datenerfassung als auch bei der Datenverarbeitung ist es jedoch unmöglich, eine derartige Kostenverteilung streng nach dem Kausalprinzip vorzunehmen; vielmehr muß man sich mit Näherungslösungen begnügen, die systembedingte Benachteiligungen und Bevorzugungen enthalten [16, S. 79].

Die innerbetriebliche Leistung ‚Information' ist hinsichtlich ihrer Entstehungskosten ein relativ kompliziertes Gebilde. Es empfiehlt sich daher, kostenrechnungsmäßig die Informationsabteilung wie eine Tochtergesellschaft zu behandeln und bei der Leistungsverrechnung zweistufig vorzugehen (vgl. Abb. 31 und

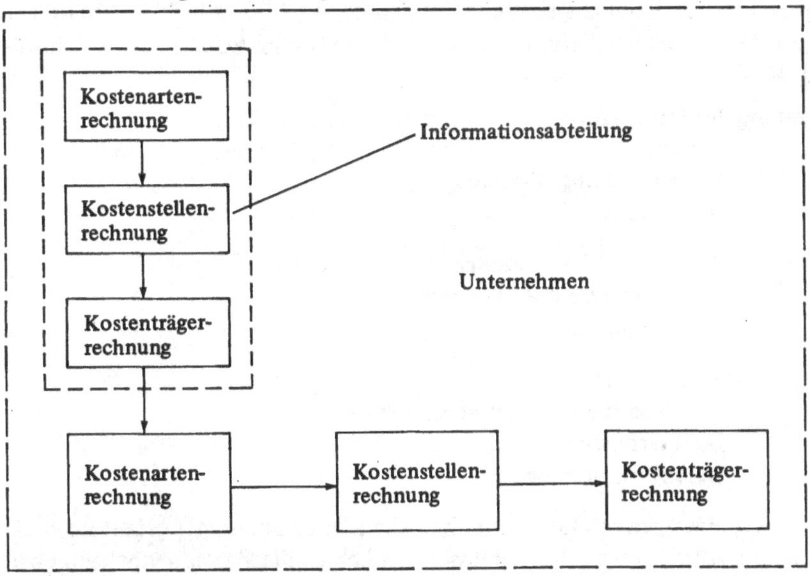

Abb. 31 Abwicklung der Informations-Leistungsverrechnung

[16, S. 84; 12, S. 173]). In der ersten Stufe wird zunächst eine interne Kostenarten-, Kostenstellen- und Kostenträgerrechnung für die Informationsabteilung durchgeführt. Dabei dienen die produzierten Informationen eines Sachgebietes als (Hilfs-)Kostenträger. In einer zweiten Stufe werden dann die Kosten der Informationen der einzelnen Sachgebiete auf die jeweiligen Informationsempfänger (Anwenderabteilungen) verteilt.

Ein derartiges Vorgehen ist zwar sehr aufwendig und daher nur bei größeren Informationsabteilungen mit ADV sinnvoll; es bietet aber – abgesehen von einer relativ genauen Kostenzurechnung – auch den Vorteil, daß die erste Stufe der Rechnung unmittelbar in die Wirtschaftlichkeitsanalyse einzelner Teile eines computerorientierten Informationssystems eingehen kann.

5.2 Kostenrechnung innerhalb der Informationsabteilung

Die Kostenartenrechnung bereitet im Informationswesen keine besonderen Schwierigkeiten: Die entstehenden Kosten lassen sich – zumindest soweit sie innerhalb der Informationsabteilung anfallen – verhältnismäßig leicht erfassen. Auf eine Diskussion der einzelnen Kostenarten kann an dieser Stelle verzichtet werden, da sie bereits in der Behandlung der Kosteneinflußfaktoren enthalten ist (vgl. Kap. 2.2 und 3.1).

Auch hinsichtlich der Kostenstellenrechnung innerhalb der Informationsabteilung ergeben sich keine ungewöhnlichen Probleme [53, S. 573]. Unabhängig von der jeweiligen Organisationsstruktur der Informationsabteilung bieten sich folgende Kostenstellenbereiche an:

1. Leitung der Informationsabteilung mit:
   Berichtswesen
   Systemplanung (Grundlagen)
   Ausbildung

2. Systementwicklung (Anwendungsprojekte) mit:
   Systemanalyse und -konzeption
   Programmierung

3. Informationsverarbeitung mit:
   Arbeitsvorbereitung und Kontrolle
   Datenerfassung
   Datenverarbeitung

Bei der Kostenträgerrechnung kann man alle Kosten zusammengefaßt nach einem als charakteristisch erkannten Schlüssel – üblich ist die Maschinenbelegungszeit – auf die Informationen der einzelnen Sachgebiete, d. h. auf die Hilfskostenträger umlegen. Dieses Verfahren ist durchaus gerechtfertigt, solange die verwandten Computer verhältnismäßig langsam arbeiten oder die Integration in der Datenverarbeitung noch sehr gering ist.

Bei einem ausgebauten computer-orientierten Informationssystem sollte man jedoch versuchen, die Kosten aufgrund einer differenzierten Basis zu verrechnen[1]. Dabei lassen sich u. a. folgende Kostengruppen mit jeweils gemeinsamer Verrechnungsgrundlage bilden:

a) Kosten der Datenerfassung
b) Kosten der Datenverarbeitung
c) Kosten der Systementwicklung und Programmierung
d) Ausbildungskosten
e) Kosten der Leitung

zu a)
Für die Verrechnung der Kosten einer konventionellen Datenerfassung über Lochkarten (oder Lochstreifen) – überwiegend Gerätemiete und Personalkosten der Datatypistinnen – bietet sich theoretisch die Zahl der gelochten Zeichen als Bezugsbasis an. In der Praxis legt man jedoch meist die Zahl der Lochkarten oder die für Lochen und Prüfen erforderliche Zeit der Verrechnung zugrunde.

Wird eine Datenerfassung über Terminal für mehrere Sachgebiete über das gleiche Gerät vorgenommen, so läßt sich eine angemessene Kostenzurechnung auf der Grundlage der Zeit finden, in der die Zentraleinheit von der Datenerfassung beansprucht war. Will man auf die dafür erforderliche maschineninterne Zeitmitschrift verzichten, so kann man den Kostenanteil der einzelnen Sachgebiete an der Dateneingabe auch näherungsweise mit Hilfe einer Multimomentstudie[2] ermitteln.

In vielen Informations-Verarbeitungsprozessen stammt ein Teil der Eingangsdaten aus dem Informations-Verarbeitungsprozeß eines anderen Sachgebietes. In diesen Fällen sind die Kostenanteile, mit denen die übernommenen Informationen aus der vorangegangenen Informationsverarbeitung belastet sind, als Kosten der Datenerfassung zu verrechnen.

zu b)
Die Kosten der Datenverarbeitung, die sich im wesentlichen aus den Anlagekosten (Miete, Wartung etc.) und den Kosten für das Bedienungspersonal zusammensetzen, lassen sich bei sequentieller Datenverarbeitung verhältnismäßig leicht auf der Grundlage der Maschinenbelegungszeit verrechnen.

[1] Chmielewicz tritt für eine gemäßigte Differenzierung ein [12, S. 175]. – Faßbender ist demgegenüber der Auffassung, daß eine gesonderte Verrechnung einzelner Kostengruppen keine wesentliche Verbesserung der Kostenverrechnung bringt; vgl. [16, S. 87].

[2] Zur Multimomentstudie vgl. u. a. [47, S. 466 f.].

Bei der Betriebsart ‚Multiprogramming' oder ‚Multiprocessing' ergeben sich jedoch gewisse Schwierigkeiten: Da mehrere Probleme simultan oder quasi simultan durch den Computer bearbeitet werden, müssen für eine annähernd verursachungsgerechte Kostenverrechnung

1. die tatsächliche Verarbeitungszeit (CPU-Zeit) – sie ist um die maschineninternen Wartezeiten kürzer als die Maschinenbelegungszeit
2. der beanspruchte (= nicht für andere Programme zur Verfügung stehende) Teil der Kernspeicherkapazität
3. die benutzten externen Speichermedien nach Art sowie kapazitiver und zeitlicher Beanspruchung
4. die benutzten Ein- und Ausgabegeräte mit ihrer Beanspruchungszeit

ermittelt und der Kostenrechnung zugrundegelegt werden [30, S. 245]. Die Ermittlung kann praktikabel nur mit einem im Betriebssystem enthaltenen Protokollprogramm erfolgen.

zu c)
Die Kosten der Systementwicklung sind in erster Linie Personalkosten und Kosten für Testzeiten. Sie lassen sich im allgemeinen den einzelnen Sachgebieten, wenn diese nicht zu eng gewählt sind, unmittelbar zurechnen.

Es stellt sich jedoch die Frage, wie die recht erheblichen Kosten der Systempflege zu verrechnen sind. Dazu erscheinen zwei Wege als angebracht:

1. unmittelbares Belasten des Sachgebietes, das die Maßnahmen ausgelöst hat
2. unterstellen, daß die Systempflege eine zwangsläufige Folge der Systementwicklung ist, und daher Verrechnen dieser Kosten als Zuschlag zu den Systementwicklungskosten.

Bei den Systementwicklungskosten ist schließlich zu bedenken, daß unter Umständen bei einzelnen Projekten (z. B. im Rahmen eines Management-Informationssystems) technisches und organisatorisches Neuland betreten wird und daß in diesen Fällen gegebenenfalls Grundlagenforschung im Bereich des Informationswesens betrieben werden muß – vergleichbar mit der Grundlagenforschung im Bereich der Produktentwicklung oder der Fertigung. Es kann daher sinnvoll sein, die entsprechenden Entwicklungskosten entweder als Gemeinkosten der Informationsabteilung oder als Gemeinkosten des Gesamtunternehmens zu behandeln.

zu d)
Die Verrechnung der allgemeinen Ausbildungskosten für Systemanalytiker, Programmierer, Operateure und Datatypistinnen erfolgt am einfachsten als Gemeinkostenzuschlag zu den entsprechenden Kostengruppen.

Die Verrechnung der Ausbildungskosten der Sachbearbeiter in den Anwendungsabteilungen hängt – soweit diese Kosten in der Informationsabteilung entstehen – wesentlich von den Vorstellungen über die Ausbildungsursachen ab:

1. Unterstellt man, daß der Wunsch zur ADV-Anwendung von den Anwendungsabteilungen ausgeht, so ist es angebracht, diesen Abteilungen bzw. den Informationen der entsprechenden Sachgebiete die Ausbildungskosten der Sachbearbeiter unmittelbar anzulasten. Dies kann jedoch bewirken, daß nur wenige Sachbearbeiter ausreichend in ADV ausgebildet werden, so daß die ADV-Anwendung gehemmt wird.
2. Sieht man in der ADV-Ausbildung einen Weg zur allgemeinen betrieblichen Leistungssteigerung, so ist es gerechtfertigt, diese Ausbildungskosten über die allgemeinen betrieblichen Gemeinkosten zu verrechnen.
3. Sieht man schließlich in den Eigentümlichkeiten eines computer-orientierten Informationssystems die Ursache für die Notwendigkeit einer ADV-Ausbildung der betroffenen Sachbearbeiter, so liegt es nahe, die entsprechenden Ausbildungskosten der Informationsabteilung anzulasten und über die Gemeinkosten der Informationsabteilung oder als Zuschlag zu den Kosten für die Datenverarbeitung auf die Kostenträger umzulegen.

zu e)
Die übrigen Kosten der Informationsabteilung, insbesondere also die Kosten für die Leitung, die Systemplanung und die Arbeitsvorbereitung, werden zweckmäßigerweise als Gemeinkosten durch einen Zuschlag zu den anderen Kosten der Abteilung verrechnet.

Mit der Diskussion der Verrechnungsgrundlagen sind jedoch drei Problemkreise noch nicht geklärt:

1. Sollen Ist- oder Standardkosten verrechnet werden?
2. Sollen Voll- oder Grenzkosten verrechnet werden?
3. Sollen die Systementwicklungskosten in der Entwicklungsperiode voll verrechnet oder für die Kostenrechnung aktiviert werden?

zu 1.
Die Verrechnung von Ist-Kosten ist immer dann unproblematisch, wenn die Kostensätze je Verrechnungseinheit nur geringfügig schwanken. Bei computer-orientierten Informationssystemen können sich jedoch ohne weiteres Schwankungen in der monatlichen Auslastung des Computers in der Größenordnung von 1 : 1,5 ergeben; da andererseits die Kosten zu 80 bis 90% fix sind[3], können erhebliche Schwankungen bei den monatlichen Ist-Kostensätzen eintreten [53, S. 581]. Es scheint daher zweckmäßiger zu sein, der Verrechnung Standardkosten zugrunde zu legen und eine Kostenüber- oder -unterdeckung dem Betriebsergebnis anzulasten.

zu 2.
Die Frage, ob Voll- oder Grenzkosten verrechnet werden sollen, läßt sich nicht generell entscheiden. Im allgemeinen wird man eine Vollkostenrechnung vorzie-

[3] Nach Industrieangaben; vgl. auch [12, S. 171; 16, S. 73].

hen. Es kann aber bei computer-orientierten Informationssystemen die Situation entstehen, daß einzelne Sachgebiete das Vorhandensein bestimmter Anlagen erforderlich machen – z. B. ein Reserve-Computer bei on-line-Systemen –, diese Aggregate aber kapazitätsmäßig nicht voll auslasten. In diesen Fällen kann es zweckmäßig sein, anderen Sachgebieten bei der Benutzung dieser Anlagen nur die jeweiligen Grenzkosten zuzurechnen.

zu 3.
Die bilanzmäßige Aktivierung der Systementwicklungskosten ist nicht zulässig; dies schließt aber nicht aus, in der Kostenrechnung eine ‚Aktivierung' in Erwägung zu ziehen, um auf diese Weise die Entwicklungskosten über die Nutzungszeit des jeweiligen Systems verteilt zu verrechnen. Ein solches Vorgehen kann jedoch dazu führen, daß die Informationsabteilung in einzelnen Perioden mit erheblicher Kostenunterdeckung – in anderen Perioden mit erheblicher Kostenüberdeckung – arbeitet.

5.3 Die Verrechnung der Informationskosten auf die Informationsempfänger

Nach der Verrechnung der Kosten auf die Informationen der einzelnen Sachgebiete als Hilfskostenträger müssen diese Kosten den Benutzern der jeweiligen Informationen angelastet werden. Dies ist unproblematisch, solange alle Empfänger der Informationen eines Sachgebietes derselben Kostenstelle angehören.

Schwierigkeiten ergeben sich nur, wenn die Kosten eines Informationssachgebietes von verschiedenen Kostenstellen getragen werden müssen, denn auch in dieser Beziehung ist eine verursachungsgerechte Kostenaufteilung nicht möglich [vgl. 16, S. 73], so daß man sich mit Näherungslösungen begnügen muß:

a) In den meisten Fällen wird man versuchen, durch einen qualitativen und quantitativen Vergleich der Informationen, die die einzelnen Informationsempfänger erhalten, zu einer vertretbaren Kostenverteilung zu kommen.

b) Dabei liegt es nahe, unter Umständen die Informationsempfänger selbst aushandeln zu lassen, welche Kostenanteile sie zu tragen bereit sind [16, S. 73].

c) Läßt sich der Nutzen, den die Informationsempfänger durch die Informationsbereitstellung erzielen, weitgehend quantifizieren, so lassen sich nach dem Gedanken der Belastbarkeit die Kosten im Verhältnis der daraus erzielten Nutzen aufteilen[4].

Die Schwierigkeiten bei der Kostenverrechnung zwischen der Informationsabteilung und den Abteilungen der Informationsempfänger werden mit zunehmender

[4] vgl. D. Li: Accounting, Computers, Management Information Systems, New York/ London 1968.

Integration der Informationsverarbeitung größer. Es ist daher durchaus zu prüfen, ob unter Umständen auf eine Umlage der Kosten der Informationsabteilung in der betrieblichen Abrechnung – nicht in der Wirtschaftlichkeitsrechnung – verzichtet werden sollte. Ein derartiges Vorgehen ist einfach durchzuführen. Es hat aber zugleich den schwerwiegenden Nachteil, daß die Informationsempfänger kaum Verantwortung für die Kosten entwickeln, die mit der Informationserstellung verbunden sind. Dies kann dazu führen, daß in dem Bereich des Informationswesens, in dem der Nutzen nur in geringem Maße in Geldeinheiten quantifizierbar ist, überflüssige Informationen produziert werden, da eine wirksame Kontrolle kaum noch möglich ist.

6 Quantitative Ansätze zur Organisation eines Kommunikations-Systems

Soll die Beschreibung und Erforschung von (Kommunikations-)Systemen mit quantitativen Methoden angegangen werden, so kann man analog der vierstufigen Einführung mathematischer Hilfsmittel in anderen Wissenschaften, wie: Physik, Ingenieurwissenschaften, vorgehen:

a) Wahl einer geeigneten mathematischen Darstellungsform
b) Definition und Ermittlung von Kenngrößen, Maßzahlen, Strukturparametern
c) Analyse der Beziehungen zwischen den Parametern und ihrer Einwirkung auf die Funktionsweise des Systems
d) Optimierung der Funktion des Systems.

Die ersten beiden Stufen sind bereits erreicht, wenige Erfahrungen liegen bezüglich der quantitativen Systemanalyse vor, und nur vereinzelte, meist stark vereinfachte Modellansätze, wurden für die Optimierung von Organisationen entwickelt.

6.1 Strukturanalyse

6.1.1 Graphentheoretische Begriffe

Ein Kommunikationssystem kann als Netz von informationellen Relationen zwischen verschiedenen Systemelementen (Sendern und Empfängern) abgebildet werden. Die Graphentheorie erweist sich als besonders geeignet, derartige Systeme mathematisch darzustellen. Als Grundlage ihrer topologischen Untersuchungen betrachtet sie nämlich zwei Mengen: die Menge der Knoten (Elemente) und die der Kanten (Relationen zwischen den Elementen) eines sogenannten Graphen (Systems). Für einfachere Graphen wird die graphische Darstellung, für komplexere Graphen die Matrixschreibweise gewählt. Ein in die Graphentheorie einführender Teil braucht hier nicht gegeben zu werden. Vielmehr werden die für die organisatorischen Aspekte eines Kommunikationssystems nützlichen Ergebnisse der Graphentheorie angeführt. Die dazu benötigten Fachausdrücke werden kurz erläutert.

Ein Graph $G\ (X, R)$ ist definiert durch:

a) eine Menge X von Elementen $x_1 \ldots x_n$
b) eine Menge R von zweistelligen Relationen (Ordnungsbeziehungen) der Art, daß jedem Element $x_i \in X > 0$ Elemente $x_j \in X$ zugeordnet sind.

Die Elemente x_i bezeichnet man als Knoten, die Relationen $(x_i x_j) \in R$ mit $x_i, x_j \in X$ als Kanten des Graphen.

Entartete Graphen besitzen keine Kanten, endliche Graphen sind durch endliche Mengen (auch Leermengen) X und R charakterisiert. Sind die Kanten gerichtet, so spricht man von einem gerichteten Graph – oder kurz: Digraph (directed graph). Ein ungerichteter Graph läßt sich als symmetrischer, gerichteter Graph auffassen, der dadurch gekennzeichnet ist, daß jeder seiner gerichteten Kanten eine entgegengerichtete Kante zugeordnet ist.

Ein Weg ist eine Folge von Kanten, die so geordnet ist, daß der Endknoten einer Kante Anfangsknoten der folgenden ist, wobei jeder Knoten nur einmal in die Folge einbezogen ist. Die Länge eines Weges errechnet sich aus der Zahl seiner Kanten. Ist der Endknoten eines Weges zugleich Anfangsknoten, d. h. ist der Weg geschlossen, so spricht man von einem Zyklus. Ein Graph ist zusammenhängend, wenn jedes Knotenpaar durch einen Kantenzug – unabhängig von der Richtung – miteinander verbunden ist.

Gelegentlich stellt sich die Frage nach der Kantenzahl m in der Menge R eines ungerichteten Graphen G(X,R). Die Menge X besitze die n Knoten $x_1, \ldots, x_n$. Zwei Sonderfälle sind häufig von Interesse:

a) der vollständige Graph
b) der Graph als ‚Baum'.

Der Fall b) entspricht in einer Unternehmensorganisation einer klassischen Kompetenzhierarchie. Der Fall a) bedeutet, daß jedes Organisationsmitglied zu jedem anderen informationelle Kontakte besitzt (z. B. informale Beziehungen).

In einem vollständigen Graph ist jeder Knoten mit jedem anderen über eine Kante verbunden, d. h.

$$m_{max} = \binom{n}{2} = n \cdot (n-1)/2$$

Dies ist zugleich die maximal mögliche Kantenzahl eines Graph. Die minimale Kantenzahl eines Graph wird beim ‚Baum' erreicht, womit die Struktur eines zusammenhängenden Graph ohne Zyklen gemeint ist.

$$m_{min} = n - 1$$

Ein planarer Graph läßt sich in einer Ebene ohne Kantenüberschneidung zeichnen. Ist F die Zahl der von den Kanten eingeschlossenen Flächen, so gilt:

$$m_{plan} = n + F - 1$$

Coenenberg hat weitere Formeln für die Zahl von Kommunikationsbeziehungen (= Kanten) unter Berücksichtigung von Gruppenbildung und Hierarchierichtung (horizontal, vertikal) zusammengestellt [13, S. 84 ff].

6.1.2 Strukturparameter

6.1.2.1 Aufgabenstellung

Die verschiedenen Strukturkennzahlen werden im folgenden anhand eines stark vereinfachten Organisationsbeispiels hergeleitet und interpretiert. Für die Organisationsstruktur eines Datenfernverarbeitungsnetzes, das der Datenübertragung zwischen den vier Zweigniederlassungen x_2, x_3, x_4, x_5 einerseits und einer ADV-Anlage x_1 andererseits dienen soll, stehen die zwei Alternativen A und B zur Auswahl. Die Alternative B setzt zusätzlich einen Satelliten-Computer x_6 als Konzentrator ein.

Die beiden Alternativen lassen sich als Graphen mit informationellen Relationen darstellen:

$G_A(X_A, R_A)$

mit: $X_A = (x_1, x_2, x_3, x_4, x_5)$

und: $R_A = (x_1x_2, x_1x_3, x_1x_4, x_1x_5, x_2x_3, x_3x_4)$

es ist:

$n_A = 5, \quad m_A = 6$

$G_B(X_B, R_B)$

mit: $X_B = (x_1, x_2, x_3, x_4, x_5, x_6)$

und: $R_B = (x_1x_5, x_1x_6, x_2x_6, x_3x_6, x_4x_6)$

es ist:

$n_B = 6, \quad m_B = 5$

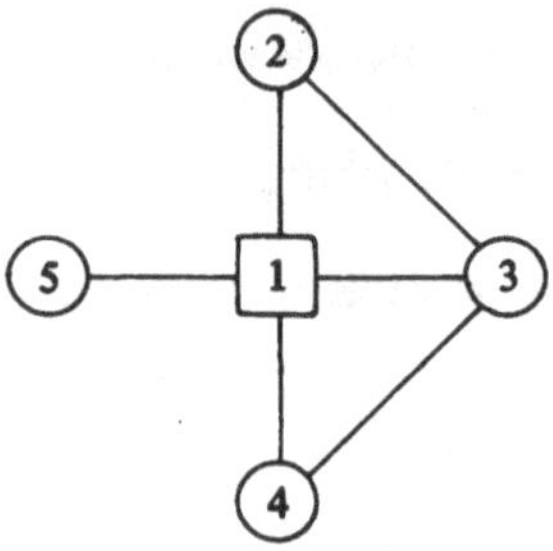

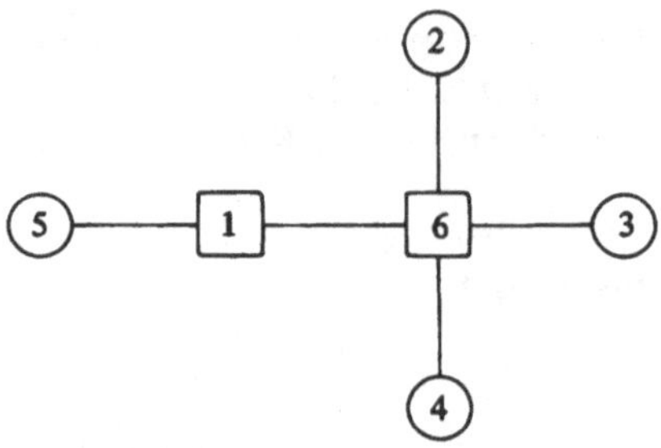

Aus Gründen der Übersicht wurden die Knoten x_1 bzw. x_6 durch Rechtecksymbole gegenüber den übrigen Elementen der beiden Systeme graphisch hervorgehoben.

6.1.2.2 Matrizen

In einer *Strukturmatrix* $S = (s_{ij})$ kann die jeweilige Struktur festgehalten werden.

Es gilt: $s_{ij} = 1$ für $(x_ix_j) \in R$

$s_{ij} = 0$ für $(x_ix_j) \notin R$

Damit folgt für die beiden Alternativen A und B:

$$S_A = \begin{bmatrix} 0 & 1 & 1 & 1 & 1 \\ 1 & 0 & 1 & 0 & 0 \\ 1 & 1 & 0 & 1 & 0 \\ 1 & 0 & 1 & 0 & 0 \\ 1 & 0 & 0 & 0 & 0 \end{bmatrix} \qquad S_B = \begin{bmatrix} 0 & 0 & 0 & 0 & 1 & 1 \\ 0 & 0 & 0 & 0 & 0 & 1 \\ 0 & 0 & 0 & 0 & 0 & 1 \\ 0 & 0 & 0 & 0 & 0 & 1 \\ 1 & 0 & 0 & 0 & 0 & 0 \\ 1 & 1 & 1 & 1 & 0 & 0 \end{bmatrix}$$

Da die beiden Graphen G_A und G_B ungerichtet sind, sind diese und die folgenden Matrizen symmetrisch bezüglich der Hauptdiagonalen.

Durch Potenzieren der Strukturmatrix entstehen Stufenmatrizen. Die r-te *Stufenmatrix* S^r entsteht als r-te Potenz der Strukturmatrix S. Die Position s_{ij}^r der Stufenmatrix S^r gibt die Anzahl der möglichen Wege vom Knoten x_i zum Knoten x_j mit r Stufen an.

Beispiel:

$$S_A^2 = \begin{bmatrix} 4 & 1 & 2 & 1 & 0 \\ 1 & 2 & 1 & 2 & 1 \\ 2 & 1 & 3 & 1 & 1 \\ 1 & 2 & 1 & 2 & 1 \\ 0 & 1 & 1 & 1 & 1 \end{bmatrix}$$

Die Position $S_{14}^2 = 1$ besagt, es gibt eine zweistufige Informationsverbindung von x_1 nach x_4, nämlich: x_1-x_3-x_4.

Wird die Länge der kürzesten Informationsverbindung zwischen zwei Knoten x_i und x_j als Distanz d_{ij} bezeichnet, so läßt sich aus den Stufenmatrizen S^r mit $1 < r \leqslant n - 1$ eine *Distanzmatrix* $D = (d_{ij})$ errechnen [78]. Dabei wird d_{ij} dem r-Wert gleichgesetzt, für den zum erstenmal ein positives s_{ij}^r auftritt. Für die beiden Alternativen A und B errechnen sich die Distanzmatrizen zu:

$$D_A = \begin{bmatrix} 0 & 1 & 1 & 1 & 1 \\ 1 & 0 & 1 & 2 & 2 \\ 1 & 1 & 0 & 1 & 2 \\ 1 & 2 & 1 & 0 & 2 \\ 1 & 2 & 2 & 2 & 0 \end{bmatrix} \qquad D_B = \begin{bmatrix} 0 & 2 & 2 & 2 & 1 & 1 \\ 2 & 0 & 2 & 2 & 3 & 1 \\ 2 & 2 & 0 & 2 & 3 & 1 \\ 2 & 2 & 2 & 0 & 3 & 1 \\ 1 & 3 & 3 & 3 & 0 & 2 \\ 1 & 1 & 1 & 1 & 2 & 0 \end{bmatrix}$$

Der kürzeste Kommunikationsweg zwischen den Abteilungen x_2 und x_5 beträgt in der B-Alternative $d_{25}^B = d_{52}^B = 3$ Einheiten, nämlich: x_2–x_6–x_1–x_5. Für eine überschaubare Struktur läßt sich die Distanzmatrix unmittelbar aufstellung – ohne den Weg über die Stufenmatrizen.

Aus den Werten der Distanzmatrix lassen sich verschiedene Strukturkennzahlen zur Charakterisierung der Organisationsstruktur ableiten.

6.1.2.3 Strukturkennzahlen

Strukturkennzahlen wurden sowohl für einzelne Systemelemente (hier Kommunikationsmitglieder) als auch für die Gesamtorganisation definiert [vgl. etwa 6, S. 69 ff.]:

a) Strukturkennzahlen für die Systemelemente:

1. Distanzmaximum: $\alpha_i = \max\limits_i \{d_{ij}\}$
   Diese Kennzahl gibt die maximale Distanz von einem Knoten x_i aus an.
2. Relative Zentralität nach Bavelas:
   $$z_i = \sum_i \sum_j d_{ij} / \sum_j d_{ij}$$
   Sommer [46, S. 102 f.] gibt die Zentralitätswerte für die fünf grundlegenden Organisationsstrukturen: Voll-, Kreis-, Ketten-, Y- und Stern-Struktur an.

b) Strukturkennzahlen für das Gesamtsystem

Für den Vergleich von Organisationsalternativen ist von größerer Bedeutung die Charakterisierung des Gesamtsystems durch Strukturkennzahlen.

1. Dispersion $d = \sum_i \sum_j d_{ij}$
   Die Dispersion d ist die Summe aller Distanzen d_{ij} und kann als Maß für die Kompaktheit der Organisation gelten. Geringe d-Werte bedeuten hohe Kompaktheit und umgekehrt.
2. Diameter $ß = \max\limits_{i,j} \{d_{ij}\} = \max\limits_i \{\alpha_i\}$
   Der Diameter gibt die längste Informationsverbindung im Kommunikationsnetz an.
3. Gesamtzentralität $Z = \sum_i z_i$
4. Existenz eines Zentrums
   Ein Element x_i ist Zentrum, wenn seine größte Distanz α_i kleiner ist als die aller anderen Elemente:
   $$\alpha_Z = \min_i \{\alpha_i\}$$
5. Zerlegungsknoten
   Wird ein Zerlegungsknoten aus dem Graph entfernt, so zerfällt dieser in Unter-Graphen.

c) Strukturkennzahlen für das Beispiel:

Aus den auf S. 109 errechneten Distanzmatrizen D_A und D_B können für die beiden Strukturalternativen A und B des Datenübertragungsnetzes die folgenden Strukturkennzahlen ermittelt werden:

Element		x_1	x_2	x_3	x_4	x_5	x_6
i		1	2	3	4	5	6
A	α_i	1	2	2	2	2	–
	z_i	7	4,7	5,6	4,7	4	–
B	α_i	2	3	3	3	3	2
	z_i	7	5,6	5,6	5,6	4,7	9,3

Alternative	A	B
d	28	56
ß	2	3
Z	26	37,8
Zentrum	x_1	keines
Zerlegungsknoten	x_2	x_1, x_6

Die Dispersion d, d. h. die Summe aller Kommunikationswege ist in der Alternative A kleiner als in B $(28 < 56)$, d. h. die Struktur A ist ‚kompakter' als die Struktur B. Die höhere Gesamtzentralität von B $(37{,}8 > 26)$ weist darauf hin, daß die Systemelemente in B bezüglich der Informationsentfernungen ungleichgewichtiger sind als in A; hohe Zentralität besitzen nämlich die beiden Schwerpunkte $x_1(z_1^B = 7)$ und $x_6(z_6^B = 9{,}3)$.

6.1.3 Bewertung der Kanten

In dem Beispiel wurde bisher unterstellt, daß alle Kanten, d. h. hier alle Kommunikationsverbindungen, ‚gleichgewichtig' sind. Diese Annahme dürfte sich für die meisten Kommunikationsnetze als nicht wirklichkeitsnah herausstellen. Eine realitätsnähere Abbildung müßte gewichtete Kanten aufweisen. Eine Bewertung in zwei Phasen erscheint sinnvoll [54, S. 120]:

a) eine Strukturbewertung und
b) eine Ablaufbewertung.

An dem Beispiel werden zwei derartige Bewertungen vorgeführt.

6.1.3.1 Strukturbewertung

In der Strukturbewertung wird jeder informationellen Verbindung (Kante) ein Gewichtungsfaktor zugeordnet, der durch Kommunikationsart (Formularschriftverkehr, Ferngespräche etc.), die räumliche Entfernung (Nachrichtenverbindungen etc.) oder eine andere Kenngröße bestimmt wird. Im angeführten Beispiel der Datenfernverarbeitung könnte die Gewichtung etwa als Kosten pro übertragenem Zeichen verstanden werden. Mit den (hier weitgehend willkürlich festgelegten) Gewichtungsfaktoren g_{ij} nehmen die beiden Strukturalternativen A und B folgende Formen an:

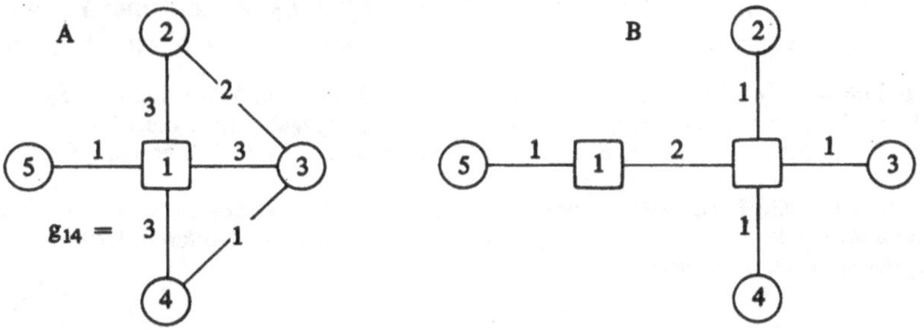

Die Distanzmatrizen lassen sich aus diesen Graphen einfach ermitteln[1]. So ist beispielsweise $d^A_{54} = g_{51} + g_{14} = 1 + 3 = 4$.

Die Distanzmatrizen lauten:

$$D_A = \begin{bmatrix} 0 & 3 & 3 & 3 & 1 \\ 3 & 0 & 2 & 6 & 4 \\ 3 & 2 & 0 & 1 & 4 \\ 3 & 6 & 1 & 0 & 4 \\ 1 & 4 & 4 & 4 & 0 \end{bmatrix} \qquad D_B = \begin{bmatrix} 0 & 3 & 3 & 3 & 1 & 2 \\ 3 & 0 & 2 & 2 & 4 & 1 \\ 3 & 2 & 0 & 2 & 4 & 1 \\ 3 & 2 & 2 & 0 & 4 & 1 \\ 1 & 4 & 4 & 4 & 0 & 3 \\ 2 & 1 & 1 & 1 & 3 & 0 \end{bmatrix}$$

Bei der angeführten Deutung der g_{ij}-Werte als ‚Kosten pro übertragenem Zeichen' ergibt sich die gleiche Dimension auch für die Distanzwerte d_{ij}.

6.1.3.2 Ablaufbewertung

Die Distanzmatrizen nach der Strukturbewertung geben die statischen Verhältnisse in den Datenübertragungsnetzen A und B wieder. Jedoch treten informationelle Kontakte zwischen den verschiedenen Organisationsmitgliedern x_i mit unterschiedlicher Häufigkeit auf. Diese Häufigkeitsverteilungen können gegebenenfalls durch statistische Erhebungen ermittelt werden[2]. Für das Beispiel werden die Häufigkeiten k_{ij} der Informationskontakte, genauer: der übertragenen Zeichen pro Zeiteinheit, zwischen den Organisationsmitgliedern x_i und x_j in einer Kontaktmatrix $K = (k_{ij})$ festgehalten. Der Einfachheit halber wurde eine dreiwertige Stufung gewählt, d. h.:

$$k_{ij} = \begin{array}{ll} 1. & \text{(seltene Informationskontakte)} \\ 2. & \text{(normale Informationskontakte)} \\ 3. & \text{(häufige Informationskontakte)} \end{array}$$

Für das Beispiel werden folgende Kontaktmatrizen festgelegt:

$$K_A = \begin{bmatrix} 0 & 2 & 2 & 3 & 3 \\ 2 & 0 & 2 & 3 & 1 \\ 2 & 2 & 0 & 2 & 2 \\ 3 & 3 & 2 & 0 & 1 \\ 3 & 1 & 2 & 1 & 0 \end{bmatrix} \qquad K_B = \begin{bmatrix} 0 & 1 & 1 & 2 & 3 & 1 \\ 1 & 0 & 2 & 3 & 1 & 1 \\ 1 & 2 & 0 & 2 & 2 & 1 \\ 2 & 3 & 2 & 0 & 1 & 1 \\ 3 & 1 & 2 & 1 & 0 & 0 \\ 1 & 1 & 1 & 1 & 0 & 0 \end{bmatrix}$$

Die Kontakthäufigkeiten zwischen den Abteilungen x_2, x_3, x_4 und x_5 wurden für beide Strukturalternativen A und B gleich gewählt. Die Kontakte zwischen

[1] Blohm weist auf die Möglichkeit hin, durch Einführung von Scheinknoten gewichtete Graphen in binäre umzuwandeln, um den in Kap. 6.1.2.2 angegebenen Algorithmus zur Ermittlung der Distanzmatrix auch bei gewichteten Graphen anwenden zu können [54, S. 119 f.].

[2] Baumüller gibt beispielsweise empirisch ermittelte Häufigkeiten der Kontaktaufnahme zwischen Mitgliedern einer Führungsorganisation für verschiedene Kommunikationsarten (Telefongespräche, periodische Meldungen etc.) an [4].

dem zentralen Computer x_1 und den Abteilungen x_1, x_2 und x_3 wurden reduziert zugunsten von Kontakten dieser Abteilungen mit dem Satellitencomputer x_6. Die Kontakthäufigkeit $k_{15} = 3$ dagegen bleibt erhalten. Die direkten Kontakte zwischen den beiden Computern x_1 und x_6 wurden klein angenommen ($k_{16} = 1$, z. B. Steuerungskontakte). Dies bedeutet aber nicht etwa einen absolut geringen Informationsfluß zwischen x_1 und x_6, da die von x_2, x_3, x_4 nach x_1 und x_5 fließenden Informationen indirekt auf der Strecke $x_6 - x_1$ wirksam werden.

Die Kontaktmatrix $K = (k_{ij})$ wird mit der (gewichteten) Distanzmatrix $D = (d_{ij})$ zu einer Wertmatrix $W = (w_{ij}) = (k_{ij} \cdot d_{ij})$ gekoppelt. In dem angeführten Beispiel würden sich die Werte w_{ij} als Kosten pro Zeiteinheit für die Informationskontakte zwischen x_i und x_j ergeben.

$$W_A = \begin{bmatrix} 0 & 6 & 6 & 9 & 3 \\ 6 & 0 & 4 & 18 & 4 \\ 6 & 4 & 0 & 2 & 8 \\ 9 & 18 & 2 & 0 & 4 \\ 3 & 4 & 8 & 4 & 0 \end{bmatrix} \qquad W_B = \begin{bmatrix} 0 & 3 & 3 & 6 & 3 & 2 \\ 3 & 0 & 4 & 6 & 4 & 1 \\ 3 & 4 & 0 & 4 & 8 & 1 \\ 6 & 6 & 4 & 0 & 4 & 1 \\ 3 & 4 & 8 & 4 & 0 & 0 \\ 2 & 1 & 1 & 1 & 0 & 0 \end{bmatrix}$$

6.1.3.3 Auswertung

Aus diesen Wertmatrizen können nun die verschiedenen Strukturkennzahlen errechnet werden:

Element		x_1	x_2	x_3	x_4	x_5	x_6	
	i	1	2	3	4	5	6	
A	α_i	9	18	8	18	8	–	
	z_i	5,3	4,0	6,4	3,9	6,7	–	
	$1/z_i$	18,8	25,0	15,6	25,8	14,8	–	%
B	α_i	6	6	8	6	8	2	
	z_i	5,9	5,6	5,0	4,8	5,3	20,0	
	$1/z_i$	17	18	20	21	19	5	%

Alternative	A	B
$d = \sum\limits_i \sum\limits_j w_{ij}$	128	100
$ß = \max\limits_i [\alpha_i]$	18	8
$Z = \sum\limits_i z_i$	26,3	46,6
Zentrum	–	x_6
Zerlegungsknoten	x_1	x_1, x_6

Die Dispersion d ist für die Organisationsalternative B kleiner als für A (100 < 128) – im Gegensatz zum Fall der unbewerteten Strukturen (vgl. S. 111). Die ‚Kompaktheit' für B ist demnach größer als für A. Die Dispersion d bedeutet im angegebenen Beispiel die Gesamtkosten, die durch die verschiedenen Informationskontakte pro Zeiteinheit in dem Datenübertragungsnetz anfallen. Die Alternative B ist unter diesem Aspekt vorzuziehen.

Die maximal für einen Informationskontakt (zwischen zwei Abteilungen) auftretenden Kosten pro Zeiteinheit sind $ß_A = 18$ und $ß_B = 8$; ein erster Hinweis auf gleichmäßigere Kostenverteilung für die einzelnen Informationskontakte bei der

Alternative B. Die Kehrwerte $1/z_i$ der relativen Zentralität z_i geben den %-Anteil von den Gesamtkosten d an, der durch Informationskontakte, die von x_i ausgehen, verursacht wird. Es zeigt sich, daß in der Alternative B alle Systemelemente – mit Ausnahme des Sonderelementes x_6 – etwa gleiche Monatskosten für Informationskontakte auslösen.

Die Alternative B weist eine erheblich höhere Zentralität auf als die Struktur A ($Z_A = 26{,}3$; $Z_B = 46{,}6$). Dies ist vor allem auf das Zentrum x_6 in Struktur B zurückzuführen ($z_6^B = 20$). Im Gegensatz zur unbewerteten Struktur (vgl. S. 111) besitzt hier A kein Zentrum.

Die Alternative A besitzt einen Zerlegungsknoten (x_1), die Alternative B dagegen zwei (x_1, x_6). Der Ausfall von derartigen Elementen unterbricht den Informationsaustausch zwischen den Elementen der dann entstehenden zwei Organisationsteile.

Mit Ausnahme dieser letzten Kenngröße sprechen alle Strukturkennzahlen für die Organisationsstruktur B als Kommunikationsnetz zur Datenübertragung. In die Entscheidung einzubeziehen wären jedoch noch die fixen Kosten, da in die Strukturbewertung (vgl. S. 111f.) nur variable Kosten eingegangen sind.

Das angeführte Verfahren zur Bewertung von Organisationen bedarf sicherlich noch in manchen Punkten der Verfeinerung, um für praktische Probleme eingesetzt werden zu können. Eine wichtige Modifikation wäre die Verwendung gerichteter statt ungerichteter Graphen, da in konkreten Organisationen zwischen zwei Organisationsmitgliedern z. B. die Kosten pro übertragener Information oder die Informationsart (Anweisungen, Daten) richtungsabhängig sind. Treten nur unterschiedliche Informationshäufigkeiten in beiden Richtungen auf, so kann dies in der Kontaktmatrix durch $x_{ij} \neq x_{ji}$ erfaßt werden – auch bei ungerichteten Graphen.

Erfahrungen fehlen vor allem noch bei der praktischen Strukturbewertung und bei der konkreten Deutung der Aussagekraft und der Korrelation der verschiedenen Strukturkennzahlen.

6.2 Funktionsanalyse

Die Verfahren und das Beispiel im vorausgehenden Kap. 6.1 bezogen sich primär auf die Struktur eines Kommunikationssystems. Durch die Einführung der Kontaktmatrix wurde jedoch schon der dynamische Aspekt angesprochen. Für die Analyse dynamischer Merkmale von Kommunikationssystemen, also für die Funktionsanalyse, werden zwar in der Literatur spezielle Ansätze aufgezeigt, jedoch ist eine praktische Einsatzreife bisher nicht erkennbar. In den folgenden

Abschnitten werden deshalb nur die Grundzüge und die Grenzen dreier Ansätze aufgezeigt, und zwar:

a) Ford-Fulkerson-Algorithmus
b) Transportmodell
c) Informations-Losgröße

6.2.1 Ford-Fulkerson-Algorithmus

Die Frage nach dem maximalen Informationsfluß in Kommunikationssystemen endlicher Kapazitäten der Informationswege und homogener, mengenmäßig definierbarer Informationsart beantwortet das ‚max-flow-min-cut-theorem' von Ford-Fulkerson [vgl. etwa 24, S. 257 f.]. Die Grenzen dieses Algorithmus' sind in der Schwierigkeit zu sehen, die Kapazitäten zu definieren und homogene Informationsarten im Modell sicherzustellen.

Das Kommunikationssystem wird als gerichteter Graph abgebildet mit:

a) der Elementmenge $X = (x_i) \quad i = 1, \ldots, n$
b) der Relationenmenge $R = (x_i x_j)$
c) den Kapazitätsgrenzen: k_{ij} = Kapazitätsgrenze für den Kommunikationsweg $x_i x_j$

Der Lösungsalgorithmus kann dann wie folgt beschrieben werden:

1. Bestimme einen Weg mit einem Informationsfluß f, so daß f nicht größer ist:
   a) als die Kapazität jeder durchlaufenen Vorwärtskante des Weges und
   b) als der schon vorhandene Fluß f_{ij} jeder durchlaufenen Rückwärtskante des Weges.

   Vorwärtskanten sind Kanten, die in Pfeilrichtung durchlaufen werden, Rückwärtskanten werden entgegen der angegebenen Pfeilrichtung durchlaufen.
2. Die Informationsflüsse f_{ij} der Vorwärtskanten werden um f erhöht, die der Rückwärtskanten um f vermindert.
3. Beginne wieder mit 1. Falls dies nicht mehr möglich ist, so stellt die Summe F der bisher ermittelten f-Werte den gesuchten maximalen Informationsfluß durch das Kommunikationsnetz dar.

Beispiel:
Gesucht werde der maximal mögliche Informationsfluß von Element x_1 nach x_4 eines Kommunikationsnetzes mit den $n = 4$ Elementen x_1, x_2, x_3, x_4 und 6 Kommunikationswegen gegebener Kapazitäten k_{ij}.

Bedeutung der Größen: k_{ij}/f_{ij}

zu 1.
Der erste gewählte Weg ist: $x_1\ x_2\ x_3\ x_4$. Es treten nur Vorwärtskanten auf. Ihre Kapazitäten sind alle 3, d. h. $f = 3$.

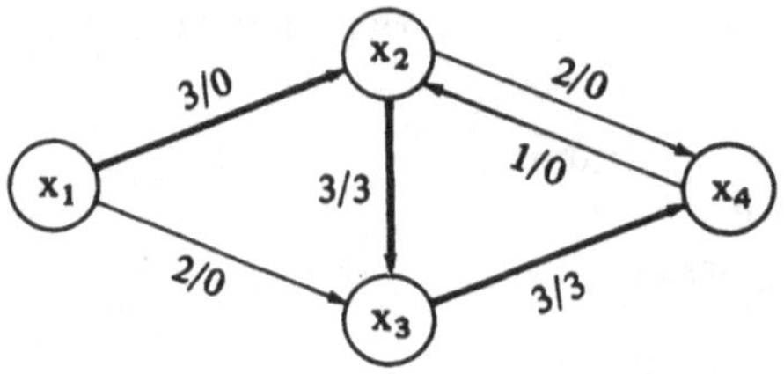

zu 2.
Die bisherigen Informationsflüsse dieser drei Vorwärtskanten sind 0 und werden nun um $f = 3$ auf 3 erhöht.

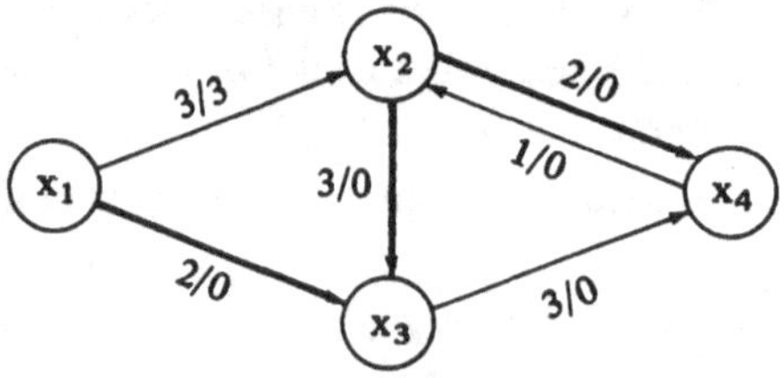

zu 1.
Der zweite gewählte Weg ist: $x_1\ x_3\ x_2\ x_4$.

Es ergibt sich: $f = 2$, denn:

$f = 2 \leqslant k_{13} = 2$ (Vorwärtskante)
$f = 2 \leqslant f_{23} = 3$ (Rückwärtskante)
$f = 2 \leqslant k_{24} = 2$ (Vorwärtskante)

zu 2.
$f_{13} = 0$ und $f_{24} = 0$ werden um $f = 2$ erhöht,
f_{23} wird um $f = 2$ vermindert.

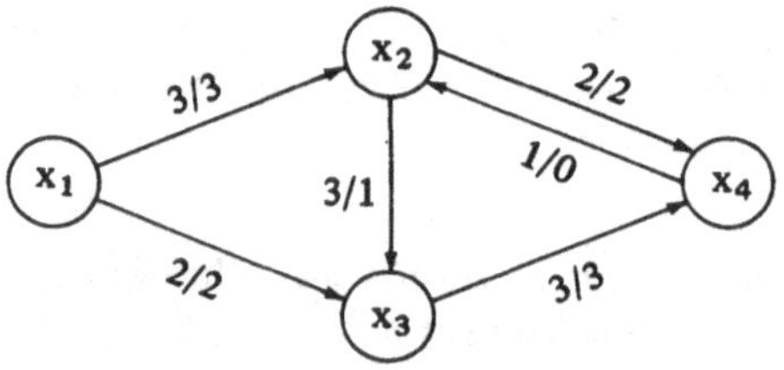

zu 3.
Es läßt sich kein neuer Weg finden. Der maximal mögliche Informationsfluß von Element x_1 nach Element x_4 ist demnach:

$$F = 3 + 2 = 5.$$

6.2.2 Mathematische Programmierungsmodelle

Die topologische Struktur eines Kommunikationssystems kann mit graphentheoretischen Kenngrößen erfaßt und beschrieben werden. Dem Zusammenhang zwischen dieser Struktur und den Funktionseigenschaften des Netzes ist eine Reihe von experimentellen Untersuchungen gewidmet [vgl. 46, S. 106; 6, S. 77–94]. Der dynamische Aspekt wird noch stärker betont in Versuchen, mit verschiedenen Verfahren der mathematischen Programmierung, wie: Transportmethoden, Lineares und Dynamisches Programmieren, den Kommunikationsablauf optimal zu gestalten[3].

Der Informationsbereich gewinnt nicht nur gegenüber dem Materialbereich immer mehr an Bedeutung, vielmehr sind sogar Unternehmungen bekannt, die sich ausschließlich mit der Beschaffung, Speicherung, Produktion und dem Absatz des Gutes ‚Information' befassen. Zu ihnen zählen beispielsweise Presseagenturen, Patentämter und Marktforschungsinstitute. Es ist naheliegend, die Informationsübermittlung in Kommunikationsnetzen dieser und anderer Unternehmungen in Analogie zu einem Materialtransportproblem zu sehen und mathematisch zu handeln. Auf den ersten Blick erscheint diese Analogie weit genug zu gehen, um den Vorteil auszunutzen, bestehende und erprobte analytische Lösungsverfahren des Operations Research für das Transportproblem auf die Untersuchung von Kommunikationsnetzen anzuwenden. Der Mangel an praktischen Erfolgen bestätigt die Schwierigkeiten, die sich bei näherer Betrachtung herausstellen und die analogie-definitorischer oder rechentechnischer Art sind.

Das klassische Transportproblem, für das wirksame Optimierungsverfahren des Operations Research verfügbar sind, stellt folgende Aufgabe:

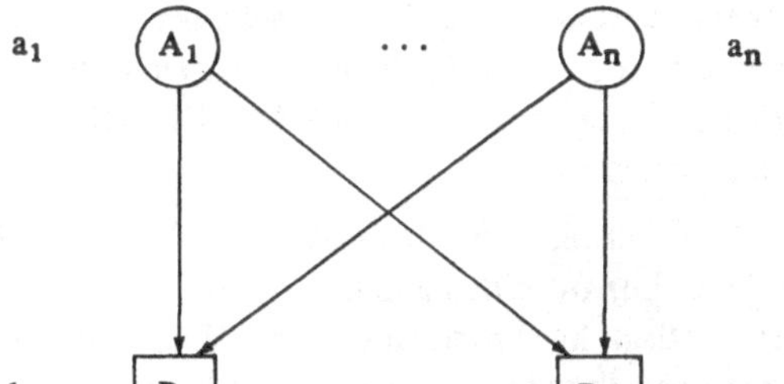

Ein Transportnetz enthalte n Sendestationen $A_1, \ldots, A_n$, die m Empfangsstationen $B_1, \ldots, B_m$ mit einem homogenen Gut beliefern sollen. Die Lagerbestände sind $a_1, \ldots, a_n$, der Bedarf ist $b_1, \ldots, b_m$. Die Transportkosten c_{ij} je Einheit von A_i nach B_j seien bekannt. Gesucht sind die Transportmengen x_{ij} für alle Wege, so daß die Gesamt-Transportkosten K minimiert werden.

[3] vgl. [6; 26]. Die im folgenden angeführten Ergebnisse stützen sich besonders auf diese Veröffentlichungen.

Das Problem lautet also:

$$\min K = \sum_{j=1}^{m} \sum_{i=1}^{n} c_{ij} \cdot x_{ij}$$

unter den Nebenbedingungen:

$$\sum_{i=1}^{n} x_{ij} = b_j \qquad (1)$$

$$\sum_{j=1}^{n} x_{ij} = a_i \qquad (2)$$

$$x_{ij} \geqslant 0 \text{ für } i = 1, \ldots, n; \quad j = 1, \ldots, m \qquad (3)$$

Ferner wird im allgemeinen die Bedingung $\sum_{i=1}^{n} a_i = \sum_{j=1}^{m} b_j$, d. h. die Gleichheit von Angebot und Bedarf, als erfüllt vorausgesetzt, kann jedoch mittels fiktiver Sender bzw. Empfänger umgangen werden. Die Definition analoger Größen und Verhältnisse bei Kommunikationsnetzen stößt auf verschiedene Schwierigkeiten:

1. Im Gegensatz zu dem Standard-Transportmodell ist im Kommunikationsprozeß sicherzustellen, daß jeder Empfänger die Information (= homogenes Gut) nur einmal erhält. Dies besagt, daß die Größen x_{ij}, a_i, b_j binärer Natur sind. Auch für diese Modellmodifikation, als Zuordnungsproblem bekannt, existieren Lösungsverfahren[4].

2. Die Klassifizierung der Elemente eines Kommunikationssystems in Sender einerseits und Empfänger andererseits ist nur bedingt möglich, da auch gekoppelte Tätigkeiten, gegebenenfalls mit Zwischenspeichern, auftreten. Jedoch können heute Modellmodifikationen, in denen Zwischenstationen mit Vermittlerfunktionen auftreten, optimal gelöst werden. Derartige Modelle werden Transhipment-Probleme genannt.

3. Die Zuordnung eines Kommunikationselementes zur Klasse der Sender bzw. Empfänger gelingt jedoch nur für eine ganz bestimmte Informationsart. Ein homogenes Gut ‚Information' liegt nicht mehr vor. Vielmehr sind syntaktisch und semantisch überaus heterogene Informationsarten zu übertragen, wobei für jede Art eine unterschiedliche Sender-Empfänger-Konstellation gelten kann.
   Können ‚Sorten' mit jeweils homogener Information innerhalb einer ‚Sorte' gebildet werden, so läßt sich dieses sogenannte ‚Mehrsortenproblem' heute auch schon lösen [vgl. etwa 68].

4. Die Ermittlung von Ablaufparametern, wie Kommunikationskosten, Kapazitätsgrenzen, Informationsmengen und Durchlaufzeiten, trifft heute noch auf

[4] vgl. Literatur bei H. Krug [26, S. 53].

nicht gelöste Schwierigkeiten der theoretischen Abgrenzung als auch der praktischen Erfassung. Das Transportmodell, auch in seinen Modifikationen, baut auf der Linearität der input-output-Beziehungen auf. Häufig treten in Kommunikationsprozessen unstetige Kostenfunktionen oder Kostendegressionen auf – verursacht etwa durch Lerneffekte bei Belieferung mehrerer Empfänger durch den gleichen Sender mit der gleichen Information. Die Methode der Dynamischen Programmierung ist nicht an lineare Funktionen gebunden und eröffnet voraussichtlich Wege zu realitätsnäheren Modellen [vgl. etwa 26, S. 55ff.].

Zusammenfassend muß festgehalten werden, daß die Anwendung mathematischer Programmierungsmethoden (Optimierungsalgorithmen) auf Kommunikationsprozesse bis heute zwar erste Analyse- aber noch kaum Entscheidungshilfen bieten kann. Es treten rechentechnische Probleme (Modellgröße und Rechenzeit) auf, häufiger jedoch zeigen sich Probleme der geeigneten Abbildung in realitätsnahen Modellen, insbesondere aber sind viele Fragen der Definition und Ermittlung von Daten (Kapazitäten, Kosten, Informationsmengen etc.) unbeantwortet.

6.2.3 Informations-Losgröße

In der Materialwirtschaft werden seit vielen Jahren Losgrößenformeln verwendet, die meist modifizierte Formen der sogenannten Andler'schen Formel sind. Schulz[5] entwickelt über Analogiebetrachtungen eine Formel zur Errechnung der optimalen Stapelgröße in der Informationswirtschaft. Im informationellen Kontext wird von ‚Stapel' in Analogie zur Losgröße in der Materialwirtschaft gesprochen. Ein Stapel entsteht durch Kumulation zu bearbeitender Informationseinheiten (z. B. Lochkarten), die nicht einzeln durch den Bearbeitungsprozeß geschleust werden sollen. Den Überlegungen zur Ableitung der Stapelformel liegt das in Abb. 31 angegebene Modell zugrunde.

Die jährlichen Gesamtkosten K für den Informationsverarbeitungsprozeß (Speichern und Bearbeiten) setzen sich – soweit sie die optimale Stapelgröße S_o beeinflussen – zusammen aus:

a) einem Fixkostenanteil (K_F)
b) Wertminderungskosten infolge Vorspeichern (K_1)
c) Wertminderungskosten infolge Zwischenspeichern (K_2)

Es gilt also:

$$K = K_F + K_1 + K_2.$$

[5] A. Schulz [41, S. 234ff.]. Die Dort angeführten Grundideen der Stapelformel werden hier übernommen; die Ableitung jedoch in einer etwas modifizierten Form wiedergegeben. Vgl. ferner [81].

zu a)
Der jährliche Anfall zu bearbeitender Informationseinheiten (Lochkarten, Magnetbandsätze) sei mit I bezeichnet. Bei einer Stapelgröße S entstehen dann I/S Bearbeitungsprozesse, von denen jeder einzelne die Fixkosten F bewirkt. Daraus folgt:

$$K_F = \frac{I}{S} \cdot F$$

zu b)
Der Wert einer Information nimmt im allgemeinen mit der Zeit ab. Ist der Wert $W(t_o)$ zum Zeitpunkt t_o gegeben und wird ein proportionaler Wertverfall angenommen, so gilt:

$$W(t) = p \cdot W(t_o) \cdot (t - t_o),$$

wobei p ein Proportionalitätsfaktor (Wertminderungsfaktor) ist.

Bei zeitlicher linearer Kumulation der Informationseinheiten im Vorspeicher zum Zwecke der Stapelbildung ergibt sich der mittlere Jahresbestand an wartenden Informationseinheiten zu S/2. Die jährlichen Wertminderungskosten, verursacht durch den Vorspeicher, errechnen sich zu:

$$K_1 = \frac{1}{2} S \cdot W(1 \text{ Jahr}) = \frac{1}{2} S \cdot p \cdot W(o) \cdot 1 = \frac{1}{2} p \cdot S \cdot W$$

zu c)
Wertminderungskosten entstehen auch durch die Wartezeiten in den Zwischenspeichern, verursacht durch die stapelweise Bearbeitung. Die tatsächliche Bearbeitungszeit t_{bi} im Arbeitsgang i wird mit einem Korrekturfaktor α auf Kalenderzeit umgerechnet (bei kontinuierlicher Bearbeitung $\alpha = 1$, sonst $\alpha > 1$). Dann ist die Wartezeit im Bearbeitungsvorgang i für eine Informationseinheit:

$$(S - 1) \cdot \alpha \cdot t_{bi}$$

Die Wartezeit je Informationseinheit und Prozeßdurchlauf beträgt:

$$\sum_{i=1}^{n} (S - 1) \cdot \alpha \cdot t_{bi} = \alpha \cdot (S - 1) \cdot \sum_{i=1}^{n} t_{bi}$$

Daraus folgen die Wertminderungskosten für eine Informationseinheit zu:

$$p \cdot W \cdot \alpha \cdot (S - 1) \cdot \sum_{i=1}^{n} t_{bi}$$

Da jährlich I Informationseinheiten anfallen, gilt:

$$K_2 = I \cdot p \cdot W \cdot \alpha \cdot (S - 1) \cdot \sum_{i=1}^{n} t_{bi}$$

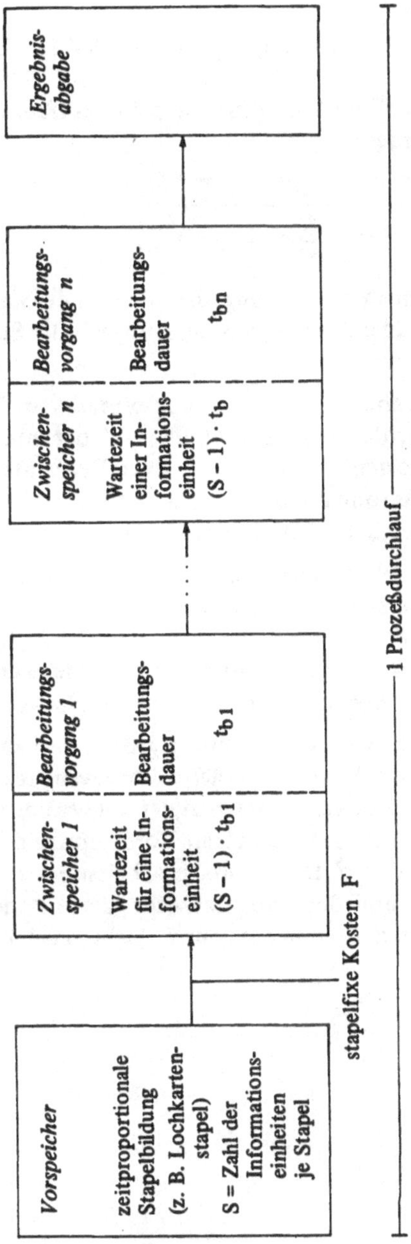

Abb. 31 Modell zur Ableitung einer optimalen Stapelgröße

Die jährlichen Gesamtkosten ergeben sich somit zu:

$$K = K_F + K_1 + K_2$$
$$= \frac{I}{S} \cdot F + \frac{I}{2} \cdot p \cdot S \cdot W + I \cdot p \cdot W \cdot \alpha \cdot (S-1) \cdot \sum_{i=1}^{n} t_{bi}$$

Durch Differentiation der Funktion $K(S)$ kann die (kosten-)*optimale Stapelgröße* S_o berechnet werden:

$$S_o = \sqrt{\frac{I \cdot F}{(1/2 + I \cdot \alpha \cdot \sum_{i=1}^{n} t_{bi}) \cdot p \cdot W}}$$

Gegebenenfalls wäre es noch zweckmäßig, die bisher in der Zeiteinheit ‚Jahr' angegebenen Werte t_{bi} umzuformen, um sie in Tagen oder Stunden angeben zu können.

Die Aussagen dieser Stapelformel sind nun zu interpretieren. Zunächst seien die Größen im Nenner betrachtet. Je größer der Wert W der Informationseinheit ist, um so kleiner wird die kostenoptimale Stapelgröße. Relevante Informationen (z. B. Top-Management-Informationen) sollten, wie es im alltäglichen Betrieb auch häufig geschieht, möglichst einzeln bearbeitet werden.

Bei Prozeßrechnersystemen und Platzbuchungs-Informationssystemen verliert eine Information (Meßwert- oder Buchungsmeldung) sehr schnell an Aktualität und damit an Wert. Der Faktor p ist demnach relativ groß. S_o müßte klein sein. Dies ist auch im Einklang mit der Wirklichkeit – Meßwert- und Buchungsinformationen werden im allgemeinen einzeln oder in kleinen Stapeln verarbeitet.

Je höher die stapelfixen Kosten F sind, um so größer wird auch die kostenoptimale Stapelgröße S_o. Wird $F = 0$, so besteht kein Zwang mehr zur Stapelbildung ($S_o = 0$). Stapelfixe Kosten F treten in der konventionellen Lochkartentechnik durch den beachtlichen Aufwand zur Vorbereitung der einzelnen Lochkarten-Einzweckmaschinen auf. Die simultane Arbeitsweise eines Computers verringert den relativen Anteil der Stapelfixkosten; sie entstehen jedoch beispielsweise noch durch Programm-Compilierung und Magnetbandeinlegen.

Zusammenfassung

1. Zielsetzung dieser Arbeit war es, quantitative Ansätze zur Analyse der Nutzen- und Kostenaspekte eines Informationssystems zu untersuchen und zu entwickeln. Dabei galt es, drei Aufgaben zu lösen:
   a) Die grundlegenden Begriffe mußten – soweit sie ein Informationssystem oder die Wirtschaftlichkeitsanalyse betreffen – inhaltlich abgegrenzt und aufeinander abgestimmt werden.
   b) Methoden aus heterogenen Wissensgebieten waren auf ihre Aussagekraft in einer Wirtschaftlichkeitsanalyse von Informationssystemen zu untersuchen.
   c) Aufbauend auf diesen beiden Phasen sollten Gesetzmäßigkeiten, Modelle und Entscheidungsregeln abgeleitet und an praktischen Beispielen erläutert werden.
2. Die verschiedenen Verfahren der Wirtschaftlichkeitsrechnung (statische, dynamische, simultane) setzen die Kenntnis der Nutzen- und Kosten-Daten voraus. Deshalb wurden die Nutzen- und Kosten-Einflußfaktoren sowie die Möglichkeiten und Grenzen verschiedener Bewertungsmethoden zu ihrer Quantifizierung analysiert.

   Zur Beurteilung der Wirtschaftlichkeit informationeller Prozesse aufgrund heterogener Kriterien eignet sich insbesondere die Nutzwertanalyse.

   Wirksame Entscheidungshilfen zur Aufbau- und Ablauforganisation von Informationssystemen bieten heute schon – und verstärkt noch in der Zukunft – verschiedene Methoden der Unternehmensforschung (Operations Research), wie: Dynamische Programmierung, Branch- and Bound-Algorithmen, sonstige Entscheidungsverfahren und graphentheoretische Ansätze.
3. Die Leistungsfähigkeit und Grenzen der Methoden wurden an Beispielen vorgeführt, die – wenn auch modifiziert – Entscheidungsfällen aus der Praxis entnommen sind. Dabei wurde gezeigt, wie die verschiedenen Modelle und Entscheidungsregeln angewandt werden können auf:
   a) Entscheidungen bezüglich des Instrumentariums (Computer) eines Informationssystems
   b) Entscheidungen bei der Auswahl zu automatisierender Aufgabenbereiche des Systems
   c) Entscheidungen im Rahmen der innerbetrieblichen Verrechnung von Informationskosten
   d) Entscheidungen zur organisatorischen Gestaltung von Strukturen und Funktionen eines Informationssystems.

4. Die angeführten Modelle zur Analyse von Nutzen- und Kostenfaktoren eines Informationssystems sollten außer zur Planung auch zur Überwachung eingesetzt werden. Diese Rückkopplung erlaubt es:
   a) Planungsabweichungen frühzeitig zu erkennen und entsprechend zu reagieren
   b) Kontrollen anzustellen, ob geplante Einsparungen und andere Nutzeneffekte in den ADV-Anwenderabteilungen realisiert wurden
   c) Erfahrungen zu sammeln, aufgrund derer Standardwerte abgeleitet und die Modelle verbessert werden können.

Stichwortverzeichnis

Literaturverzeichnis

Bücher

[1] *Ackoff, R. L.:* Management Misinformation Systems. In: Sanders, D. H.: Computers and Management, New York/London 1970, S. 19ff.

[2] *Albach, H.:* Investitionsentscheidungen im Mehrproduktunternehmen. In: Betriebsführung und Operations Research (Hrsg.: A. Angermann), Frankfurt 1963, S. 24ff.

[3] *Albach, H.:* Wirtschaftlichkeitsrechnung. In: HdS, Bd. 12, Tübingen 1965, S. 73ff.

[4] *Baumüller, K.:* Kommunikation in der Führungsorganisation. Schriftenreihe der Forschungsstelle für Betriebswirtschaft und Sozialpraxis, München 1968, Anhang B.

[5] *Bellman, R.* und *S. Dreyfus:* Applied Dynamic Programming. Princeton, 3. Aufl., 1966.

[6] *Bössmann, E.:* Die ökonomische Analyse von Kommunikationsbeziehungen in Organisationen. Berlin/Heidelberg/New York 1967.

[7] *Borch, K. H.:* Wirtschaftliches Verhalten bei Unsicherheit. Wien/München 1969.

[8] *Boutell, W. S.:* Computer-oriented Business Systems. Prentice Hall, New Jersey 1968, S. 117–119.

[9] *Brandt, H.:* Investitionsrechnung. In: Management Enzyklopädie, Bd. 3, München 1970, S. 724ff.

[10] *Brauch, H.:* Möglichkeiten zur Quantifizierung von Informationen für Entscheidungsprozesse. Diss. Universität Mannheim 1968.

[11] *Cherry, C.:* On Human Communication. New York 1957.

[12] *Chmielewicz, K.:* Kostenrechnungssystem und automatisierte Datenverarbeitung. In: E. Grochla (Hrsg.): Die Wirtschaftlichkeit automatisierter Datenverarbeitungssysteme, Wiesbaden 1970, S. 163ff.

[13] *Coenenberg, A. G.:* Die Kommunikation in der Unternehmung. Wiesbaden 1968.

[14] *Dworatschek, S.:* Einführung in die Datenverarbeitung. 4. Aufl., Berlin 1971.

[15] *Dworatschek, S.:* Management-Informations-Systeme. Schriftenreihe ‚Informations-Systeme', Berlin 1971.

[16] *Faßbender, W.:* Wirtschaftliche Steuerung des Einsatzes automatisierter Datenverarbeitungsanalgen. In: E. Grochla (Hrsg.): Die Wirtschaftlichkeit automatisierter Datenverarbeitungssysteme, Wiesbaden 1970, S. 67ff.

[17] *Flechtner, H. J.:* Grundbegriffe der Kybernetik. 4. Aufl., Stuttgart 1969.

[18] *Frielink, A. B.* (Hrsg.): Economics of Automatic Data Processing. Amsterdam 1965.

[19] *Hammer, H.:* Integrierte Produktionssteuerung mit Modularprogrammen. Wiesbaden 1970.

[20] *Hansen, H. R.:* Elektronische Datenverarbeitung in Handelsbetrieben. Berlin 1970.

[21] *Hopperdietzel, W.:* Wirtschaftlichkeitsrechnung für den Einsatz elektronischer Datenverarbeitungsanlagen. In: K. Haberlandt, Automatisierte Datenverarbeitung in Forschung und Praxis, Ludwigshafen 1970, S. 65ff.

[22] *Hopperdietzel, W.:* Wirtschaftlichkeitsrechnung für elektronische Datenverarbeitungsanlagen. Diss. Erlangen/Nürnberg 1967.

[23] *Jacob, H.:* Neuere Entwicklungen in der Investitionsrechnung. Wiesbaden 1964.

[24] *Kim/Chien:* Topological Analysis and Synthesis of Communication Networks, New York/London 1962.

[25] *Koreimann, D. S.:* Methoden und Organisation von Management Informations Systemen. In: Schriftenreihe Informations-Systeme, Berlin/New York 1971.

[26] *Krug, H.:* Zur Anwendung mathematischer Programmierungsverfahren auf die Bestimmung wirtschaftlich optimaler Informationsvorgänge. Berlin 1970.

[27] *Layton, R. A.:* Some aspects of the economics of a system study from the point of view of the equipment supplier. In: A. B. Frielink (Hrsg.): Economics of Automatic Data Processing, 2. Aufl., Amsterdam 1966, S. 144 ff.

[28] *Löffelholz, J.:* Repetitorium der Betriebswirtschaftslehre. 2. Aufl., Wiesbaden 1967.

[29] *Marschak, J.:* Towards an economic theory of information and organization. In: Decision Processes, R. M. Thrall u. a. (Hrsg.), New York/London 1954.

[30] *Marwedel, H.:* Die Problematik der Kostenerfassung und -zuordnung bei Datenverarbeitung im Multiprogramming Betrieb. In: E. Grochla (Hrsg.): Die Wirtschaftlichkeit automatisierter Datenverarbeitungssysteme, Wiesbaden 1970, S. 241 ff.

[31] *Mertens, P.:* Simulation. Stuttgart 1969.

[32] *Nemhauser, G. C.:* Einführung in die Praxis der dynamischen Programmierung. München/Wien 1969 (Introduction of Dynamic Programming, N. Y. 1966).

[33] *Noack, H.:* Der Aufbau eines elektronischen Datenverarbeitungssystems als rationale Investitionsentscheidung. Berlin 1969.

[34] *Peters, J.:* Einführung in die allgemeine Informationstheorie. Berlin/Heidelberg 1967.

[35] *Pietzsch, J.:* Die Information in der industriellen Unternehmung. Köln/Opladen 1964.

[36] *Poensgen, O. H.:* Möglichkeiten und Grenzen elektronischer Informationssysteme. In: Menges/Schneeweiß/Hax/Poensgen: Entscheidung und Information, Berlin 1968, S. 79 ff.

[37] *Rhee, H. A.:* Office Automation in Social Perspectives. Oxford 1968.

[38] *Rohrer, F.:* Rechenzentrum – Planung von Bau und Einrichtungen. Berlin/München 1969, Siemens AG.

[39] *Schneeweiß, H.:* Entscheidungskriterien bei Risiko. Berlin/New York 1967.

[40] *Schneider, E.:* Wirtschaftlichkeitsrechnung. 4. Aufl., Tübingen/Zürich 1962.

[41] *Schulz, A.:* Strukturanalyse der maschinellen betrieblichen Informationsbearbeitung. Berlin 1970.

[42] *Schwab, B. J.:* Economic Evaluation and Selection of Electronic Data Processing Systems. Diss. University of California, Los Angeles 1967.

[43] *Seil, H. J.:* Die Quantifizierung betriebswirtschaftlicher Sachverhalte. Diss. Braunschweig 1966.

[44] *Shannon, Cl.* und *W. Weaver:* The Mathematical Theory of Communication, Urbana (Ill.) 1949.

[45] *Sherwood, H. F.:* Kosten und Folgen des Unbundling. Kiel 1970.

[46] *Sommer, K.:* Die Bedeutung interpersonaler Beziehungen für die Organisation der Unternehmung. Berlin 1968.

[47] *Stange, K.:* Angewandte Statistik. Berlin 1970, Bd. I.

[48] *Weinberg, P.:* Symbolisierung logischer Strukturen in betriebswirtschaftlichen Theorieansätzen. Diss. TU-Berlin 1969.

[49] *Wittmann, W.:* Unternehmung und unvollkommene Information. Köln/Opladen 1959.

[50] *Zangemeister, Ch.:* Nutzwertanalyse in der Systemtechnik. München 1970.

Zeitschriften und Papers

[51] *Anderson, R. M.:* Handling risk in defense contracting. In: HBR, 47 (1969) 4, S. 90ff.

[52] Arbeitskreis Pietzsch der Schmalenbach-Gesellschaft: Probleme der betriebswirtschaftlichen Informationsverdichtung. Bericht vom März 1970.

[53] Arbeitskreis Pietzsch der Schmalenbach-Gesellschaft: Zur Kostenrechnung der elektronischen Datenverarbeitung. In: ZfbF 21 (1969) 8, S. 568–586.

[54] *Blohm, H.:* Organisationstheorie und -praxis der Unternehmensführung. In: Rationalisierung 19 (1968), S. 116–120.

[55] *Borchert, E.:* Die Bewertung von Organisationselementen. In: Rationalisierung 19 (1968) 2, S. 33–34.

[56] *Carnap, R.* und *Y. Bar-Hillel:* An outline of a theory of semantic information. MIT Techn. Rept. 247, 1952, S. 40f.

[57] *Churchill/Kriebel/Stedry:* Proposed Research on Management Information Systems. Management Science Research Report No. 54, Okt. 1965.

[58] *Eilon, S.:* What is a decision? In: MS 16 (1969) B, S. 178ff.

[59] *Enders, K.* und *H. Jopke:* SCERT – Ein neuer Weg in der Bewertung von Datenverarbeitungsanlagen und Datenverarbeitungsorganisationen. In: automatik 13 (1968) 10, S. 346–348.

[60] *Gautschi, E.:* Die Wirtschaftlichkeit der elektronischen Datenverarbeitung. In: ZfD 6 (1968) 2, S. 72ff.

[61] *Harrmann, A.:* Zu Investitionen und Investitionsrechnungen im Verwaltungsbereich. In: Der Betrieb 22 (1969) 9, S. 357–360.

[62] *Hayes, R. H.:* Qualitative insights from quantitative methods. In: HBR 47 (1969) 4, S. 108–117.

[63] *Hespos, R. F.* und *P. A. Strassmann:* Stochastic Decision Trees for the Analysis of Investment Decision. In: MS 11 (1965) 10, S. B-244ff.

[64] *Hesse, H.:* Die Nutzen-Kosten-Analyse. In: Wirtschaftsdienst (1969) 1, S. 45–55.

[65] *Hicks, H. G.* und *Ph. D. u. F. Goronzy:* A Procedure for Development of Performance standards for Data Processing Installations. In: International Business Review (1967) 1, S. 41–55.

[66] *Hopperdietzel, W.:* Rechner mit Rendite? Wirtschaftlichkeitsrechnung für EDV. In: plus 2 (1968) 5, S. 17–24.

[67] *Jacobs, O. H.:* Untersuchungen über die Wirtschaftlichkeit von Datenerfassungs- und -verarbeitungssystemen (Rückmeldesystemen) für die Fertigungsregelung. In: ZfbF 20 (1968) 6, S. 321–333.

[68] *Knödel, W.:* Ein verallgemeinertes Transportproblem. In: UFO, Bd. 4, 1960, S. 1–12.

[69] *Kolesar, P. J.:* A Branch and Bound Algorithm for the Knapsack Problem. In: MS 13 (1967), S. 723–735.

[70] Kommunale Gemeinschaftsstelle für Verwaltungsvereinfachung: ‚Zentrale elektronische Datenverarbeitung: Wirtschaftlichkeit'. Rundschreiben Nr. 1, Köln 1968.

[71] *Koreimann, D. S.:* Management-Informations-Systeme. In: Neue Betriebswirtschaft 22 (1969) 1, Seite 315–321.

[72] *Lutz, Th.* und *H. Klimesch:* Management Information Systems (MIS). In: IBM-Nachrichten 18 (1968) 192, Seite 457–464.

[73] *Lutz, Th.:* Adreßketten und Datenbanktechnik. In: Bürotechnik + Automation 9 (1968) 4, S. 178f.

[74] *Marschak, J.:* Economics of Information Systems. Working Paper No. 153, Western Management Science Institute, University of California, Los Angeles 1969.

[75] *Mertens, P.:* Zur Wirtschaftlichkeit und Wirtschaftlichkeitsschwelle der EDV. In: Neue Betriebswirtschaft, Heidelberg, 20 (1967) 1, S. 42–46.

[76] *Müller-Lutz, H. L.:* Die Wirtschaftlichkeit des Einsatzes von mechanischen Hilfsmitteln, insbesondere von elektronischen Großrechengeräten. In: Rat. Büro (1960) 12, S. 747–752.

[77] *Owen, J.:* A Criterion for Investing in Information. In: MS 14 (1967) 12, S. B-715 bis B-720.

[78] *Ross/Harary:* Identification of the liaison persons of an organization using the structure matrix. In: MS (1955) 1, S. 251–258.

[79] *Schmid, R.:* Der Entscheidungsbaum und seine Anwendung in der Lagerbewirtschaftung. In: Industrielle Organisation 37 (1968) 2, S. 81–84.

[80] *Scholz, H.* und *R. Steinbock:* Die Untersuchung der Wirtschaftlichkeit einer automatisierten Datenverarbeitung (ADV). In: elektronische datenverarbeitung 10 (1968) 3, S. 133–142; 10 (1968) 4, S. 154–170.

[81] *Schulz, A.:* Optimale Losgrößen in der Informationsverarbeitung. In: ZfB 39 (1969) 5, S. 323–335.

[82] *Schwarze, J.:* Bestimmung der Wirtschaftlichkeit elektronischer Datenverarbeitung. In: Der Betrieb 21 (1968) 12, S. 493–500.

[83] *Swalm, R. O.:* Utility Theory – Insights into Risk Taking. In: HBR 44 (1966) 6, S. 123ff.

[84] *Tumm, G. W.:* Systemtechnische Betrachtungen bei der Auswahl einer EDV-Anlage. In: ZfD 7 (1969) , S. 382.

[85] *Völzgen, H.* und *H.-J. Zimmermann:* GERT – ein stochastisches Netzplan-Verfahren. In: VDI-Z 112 (1970) 16, S. 1069–1072.

[86] *Wegenstein, W. O.:* Computerauswahl. In: ADL-Nachrichten 11 (1966) 44, S. 310–317.

[87] *Widing jr., J. W.* und *G. G. Diamond:* Buy by Computer. In: HBR 42 (1964) 2.

[88] *Will, H. J.:* Betriebliche Informationssysteme. In: ZfbF 20. Jg., Nr. 10, S. 661.

W DE G

Walter de Gruyter Berlin · New York

IS-Informations-Systeme

Herausgegeben von S. Dworatschek

Sebastian Dworatschek

Management-Informations-Systeme

Groß-Oktav. 214 Seiten. Mit 92 Abbildungen im Text. 1971. Gebunden DM 42,– ISBN 3 11 003549 9

Das Buch gibt eine umfassende Darstellung der Merkmale, der Entwicklungs- und Einsatzprobleme sowie der Auswirkungen eines Management-Informations-Systems (MIS). Dabei werden zunächst, aufbauend auf der systematischen Abgrenzung der Grundbegriffe Management, Information und System, die Merkmale eines MIS ausführlich behandelt.
Schwerpunkte der Arbeit, Entwicklung und Einführung eines MIS, bilden Fragen des Projekt-Managements, der Systemanalyse, der Planungs- und Entscheidungsmethoden der Systemkonzeption und der analytischen Computer-Auswahl sowie mit heute schon erkennbaren und noch zu erwartenden ökonomischen und organisatorischen Auswirkungen eines MIS.

Dieter S. Koreimann

Methoden und Organisation von Management-Informations-Systemen

Groß-Oktav. 154 Seiten. Mit 38 Abbildungen. 1971. Gebunden DM 34,– ISBN 3 11 003551 9

Der Autor weist nach, daß der Aufbau von MIS mit der heute verfügbaren Hardware und Software möglich und auch notwendig ist. Der Schwerpunkt des Buches liegt auf den praktischen Realisierungsmöglichkeiten unter Berücksichtigung der Entwicklungstendenzen auf dem EDV-Sektor. Dabei werden Mittel und Wege aufgezeigt, die es gestatten, das gegenwärtig bestehende "communication gap" zwischen operierendem und disponierendem Management zu überbrücken.

Aus dem Inhalt:
Zielsetzungen und Grundsätze eines MIS, organisatorische Vorarbeiten, Wirtschaftlichkeit, Installationsmöglichkeiten, Systemtechnik und Datentechnik, theoretische Implikationen, Auswirkungen auf den Führungsstil.

Walter de Gruyter
Berlin · New York

IS-Informations-Systeme
Herausgegeben von S. Dworatschek

Gerhard Niemeyer

Ein integriertes Datenverarbeitungs- und Informationssystem

mit Programmen für einen Modellbetrieb

Groß-Oktav. 212 Seiten. 1972. Gebunden DM 52,–
ISBN 3 11 003807 2

Das Buch stellt ein funktionsfähiges integriertes Datenverarbeitungs- und Informationssystem am Beispiel eines Modellbetriebes vor. Das Konzept des Systems: Die Programme zur Abwicklung des betrieblichen Rechnungswesens arbeiten auf einer zentralen Datenbasis, an die gleichzeitig Anfragen gerichtet werden können. Das Werk enthält Dienst- und Anwenderprogramme zur Einrichtung und Verwaltung der Datenbasis, Anwenderprogramme zur Abwicklung des Rechnungswesens und einen Compiler zur Übersetzung einer einfachen aber vielseitigen Anfragesprache. Sämtliche Anwenderprogramme und der Compiler sind in der Sprache ASSEMBLER/360 geschrieben.

Donald H. Sanders

Computer und Management

Übersetzt aus dem Englischen von Klaus Jaeger. Groß-Oktav. 554 Seiten. Mit 48 Abbildungen und Tabellen. 1972. Gebunden DM 86,–
ISBN 3 11 001979 5

Gegenstand des Buches sind die methodischen und personellen Aspekte einer computertechnisch induzierten Entwicklung, wie z. B. Fragen nach der Transparenz der Computer-Anwendungen, nach der Technik der Systemanalyse, nach der Konzeption für Management-Informations-Systeme, nach Planungs- und Entscheidungstechniken und Probleme der Personalplanung und -ausbildung. Jedem Kapitel themengerecht zugeordnete Leseproben in Form von Zeitschriftenaufsätzen bekannter amerikanischer Autoren sind eine wertvolle Ergänzung der wohl umfassendsten Darstellung auf diesem Gebiet.

FSC
www.fsc.org
MIX
Papier | Fördert
gute Waldnutzung
FSC® C083411

Kolibri 360 GmbH
Ferdinand-Jühlke-Straße 7
99095 Erfurt, Deutschland
produktsicherheit@kolibri360.de